PARIS POUR LES HOMMES

THIERRY RICHARD

ILLUSTRATIONS : ASEYN
PHOTOGRAPHIES : JULIETTE RANCK

CHÊNE

NOTA BENE

Vous le savez, le temps passe et nous ne sommes malheureusement pas à l'abri de ce que d'aucuns appellent encore le « progrès ». Ainsi les adresses contenues dans ce guide sont-elles susceptibles d'évolution, même si elles étaient exactes au moment de la mise sous presse. Comme nous avons souvent fait le choix de la qualité et de la tradition, il est fort peu probable que les dommages soient généralisés ; nous vous invitons néanmoins à la prudence – un petit coup de fil préalable – et, sans doute de manière exceptionnelle, à l'indulgence.

L'ART
DE LA FUGUE

Paris n'existe pas. Nous avons tous notre géographie sentimentale, notre mémoire de Paris, d'un Paris vécu au jour le jour et rêvé nuit après nuit : autant de Paris que de Parisiens. Vivant dans cette ville unique, nous partageons ses lieux, ses humeurs, ses emballements et ses grâces, passés au tamis de notre propre subjectivité. Il suffirait pourtant d'un petit pas de côté pour changer de perspective. Et découvrir dans ces rues ravinées de nouvelles richesses. C'est ce pas de côté que je vous encourage à faire à ma suite.

Ces pages condensent le Paris que j'aime ; celui qui sait offrir à l'homme qui s'en donne la peine d'innombrables sources de plaisir. Relisez les Mémoires de Casanova : « *Cultiver les plaisirs de mes sens fut dans toute ma vie ma principale affaire ; je n'en ai jamais eu de plus importante. Me sentant né pour le sexe différent du mien, je l'ai toujours aimé, et je m'en suis fait aimer tant que j'ai pu. J'ai aussi aimé la bonne table avec transport, et passionnément tous les objets faits pour exciter la curiosité.* » Ce n'est pas une philosophie – ou si peu – mais c'est le fil conducteur du présent ouvrage. Peut-être de ma vie.

On sait bien pourtant que l'époque ne joue pas le jeu, qu'elle souffle en permanence ses vents contraires : consommation, surinformation, distractions, obligations... Mais on n'est pas tenus de suivre ses règles. On peut même, assez facilement somme toute, s'en détourner pour emprunter des chemins de traverse. Prendre doucement la tangente et fuguer. Trouver son plaisir d'homme même dans les choses les plus anodines : rêvasser au comptoir le temps du petit noir du matin, contempler les jambes des femmes aux terrasses des cafés, s'enfuir au cinéma un après-midi de semaine, décider de porter une cravate en laine, changer de parfum à chaque saison ou s'arrêter le nez en l'air et contempler longtemps la course des nuages au-dessus du jardin des Tuileries.

Un guide ? Non, un voyage plutôt. Parcourir Paris au gré des plaisirs que la ville offre aux hommes. L'aborder à travers les sentiers d'un hédonisme de pavé, pointer ces petits bonheurs qui font la vie heureuse du Parisien. Fût-ce en contrebande. Donc ici point de catalogue, d'annuaire, de recensement au garde-à-vous de toutes les adresses de la capitale. Juste l'envie de partager avec vous mes plaisirs et les boutiques, les tables, les lieux qui les abritent.

Alors voilà. Mon Paris est là, dans les pages qui suivent. Et ce Paris des plaisirs masculins, c'est aussi le vôtre.

THIERRY RICHARD

MAI 81

« Je connais cette ville par cœur ; je pourrais la démonter pierre à pierre et la reconstruire ailleurs. Je l'ai vue sous divers aspects : Paris changeant, Paris des quatre saisons, Paris des douze mois de l'année, Paris de tous les jours. Je l'ai vue blanche de neige, bleue de gel, transparente ; je l'ai vue pauvre, abandonnée, inhabitée, obscurcie ; je l'ai vue riche et pavoisée. Je l'ai vue sous toutes les coutures. C'est devenu, peu à peu, une vieille liaison, une intimité sans plus aucun secret. Je l'aime. Elle est à ma taille, elle me botte parfaitement. Entre nous, maintenant, c'est à la vie, à la mort (la vie pour elle, la mort pour moi). »

HENRI CALET
De ma lucarne

LE PETIT CAFÉ DU MATIN

« Il y aura toujours de la solitude pour ceux qui en sont dignes. »
Jules Barbey d'Aurevilly

Il est encore tôt. Le soleil hivernal perce enfin les nuages et fait briller le gris des toits de Paris. Les bouches de métro déversent en toute hâte leurs premiers flots d'employés sur les trottoirs. On a quitté le demi-sommeil, son lit, la maison, mais on se dit que finalement il est encore trop tôt – qu'on ne se sent pas vraiment prêt à plonger dans l'agitation de la journée. On guette l'occasion : en avance au premier rendez-vous, des enfants déposés à l'école plus tôt qu'à l'accoutumée, tous les prétextes sont bons pour reculer un peu l'instant du devoir.

Alors on pousse la porte. On a choisi avec soin son endroit, un café patiné, zinc sans âge, vieux miroirs et garçons noir et blanc. La terrasse, même chauffée, ce sera pour plus tard, quand les jours auront rallongé et que les géraniums refleuriront aux balcons des immeubles. On s'éloigne du comptoir – on a envie de s'attarder un peu non ? Et on s'attable seul, pas trop loin des vitres, pas trop loin de la lumière du jour, pas trop loin de la vie qui trépide au dehors. On sait que l'on va y replonger mais rien ne presse. On savoure ce moment d'exclusion volontaire : « *Un café et un verre d'eau s'il vous plaît.* » Aussitôt traduit d'une voix de ténor : « *Un express, un !* » Le café se boit à petites gorgées, la mousse onctueuse, couleur caramel, chatouille la lèvre, beaucoup de douceur, une pointe d'acidité, de l'amertume en finale que l'eau apaisera. On pourrait sortir un livre ou travailler un peu, mais ce n'est pas ce que l'on veut. On veut du temps pour soi, pour laisser ses pensées divaguer sans but. Les laisser accompagner son regard sur la salle, les habitués du matin, les passants du dehors ou au contraire s'extraire, les yeux dans le vague, vers de plus lointains paysages. Rêvasser.

Parfois les journaux du jour sont là qui traînent. On en prend un, on tourne les pages sans se presser, sans tout lire non plus. On profite de quelques minutes suspendues, un plaisir égoïste fait d'inertie et de quiétude. On reprend une gorgée de café mais voilà, il est déjà temps. On se rhabille alors, pas trop vite – pourquoi se hâter – puis on pousse la porte. Et c'est le bruit de la rue qui le premier vous frappe et referme la parenthèse. On presse alors le pas en regagnant la foule. De peur que la vie des autres ne nous rattrape trop vite.

QUELQUES CAFÉS OÙ LE SAVOURER :

Au Vieux Colombier
65, rue de Rennes, 75006

Petit café au décor Art Nouveau, havre de tranquillité à deux pas de la vie brouillonne de Montparnasse.

Le Rouquet
188, boulevard Saint-Germain, 75007

Un café resté dans son jus des années 50 (un exploit pour le quartier), à tel point qu'on s'attend à y croiser Maurice Ronet ou Juliette Gréco.

Le Colimaçon
32, rue de Rochechouart, 75009

Un mini-café en manière de mouchoir de poche, quatre tables hors du temps.

L'Armagnac
104, rue de Charone, 75011

Un bistrot sous la marquise, tout en glaces et boiseries immémoriales. Entre poulbot et métallos.

Plus généralement, tout vieux café ayant échappé à la rénovation *lounge* et sa déco de velours orange et taupe. Heureusement, il en reste encore...

ET POUR SE PROCURER UN TRÈS BON CAFÉ :

Café Verlet
256, rue Saint-Honoré, 75001

Depuis 1880, on trouve dans cette boutique aux accents coloniaux de superbes grands crus de toutes origines. Passard, Gagnaire et Roellinger s'y fournissent. Faites-vous préparer, à la demande, un mélange Moka (Éthiopie)-Maragogype (Nicaragua), suave et délicieusement parfumé : un régal !

CHEZ LE BOUQUINISTE

« C'est un des plaisirs de la lecture que de découvrir qu'un écrivain mort depuis trente-trois ans peut être supérieur à sa réputation. »
Bernard Frank

Une odeur de vieux papier qui flotte derrière la porte vitrée. Elle grince un peu en se refermant, vous laissant entrer à pas feutrés dans cette boutique meublée de silence. Tant de livres dorment là. On aurait envie de leur parler à voix basse. Comme toujours, on ne sait pas ce que l'on cherche – à vrai dire, on ne cherche rien –, et c'est tout le charme des escapades chez le bouquiniste. Juste pousser la porte sans raison. Le plaisir de l'inattendu, ce livre épuisé que l'on rapportera comme un trophée, cet écrivain oublié, sorti des annales, poussé par le vent de la mode et des plus jeunes, que vous aurez l'impression de ramener à la vie, cet objet inconnu dont le résumé ou la beauté de la couverture aura su vous séduire. Le vendeur est assis tranquillement derrière son bureau-comptoir. Il n'a même pas relevé la tête à votre entrée. Il lit.

On laisse glisser les doigts le long des bacs, on enjambe les couvertures, faisant basculer les volumes un par un, comme un défilé de vieilles dentelles. Non... Non... Non... Et pourquoi pas celui-là ? On l'exhume délicatement. Une vieille NRF de 1960 couleur coquille d'œuf. Roger Vailland, *La Fête*. Vous l'ouvrez, vous respirez le parfum des pages poussiéreuses et une petite odeur d'encre et de nostalgie vous monte au visage. Les caractères ont cette rondeur que l'on ne retrouve plus, les pages une épaisseur veloutée qui les fait tourner avec délicatesse. On lit quelques lignes (« *J'aime la pudeur, l'absence de pudeur, je n'aime pas l'impudeur, l'impudence* »), on se demande quelle vie a connu ce livre, les bibliothèques où il a résidé, les mains qui l'ont tenu, les larmes qu'il aura fait couler. Cela vous touche d'acheter un livre qui a vécu, survivant des déménagements, des successions, des disparitions. Vous l'aimez déjà. Ce livre avec pedigree.

DÉNICHEZ LES VIEUX BOUQUINS (ET OFFREZ-LES) CHEZ :

Librairie Jousseaume
45-46-47, galerie Vivienne, 75002 – 01 42 96 06 24

Librairie des Archives
83, rue Vieille-du-Temple, 75003 – 01 42 72 13 58

Librairie Ulysse (voyages)
26, rue Saint-Louis-en-l'Île, 75004 – 01 43 25 17 35

La Rose Noire (érotiques)
67, rue Condorcet, 75009 – 01 40 16 02 70

Dhouauilly et Cie (livres pour enfants)
7, rue de Prague, 75012 – 01 43 47 01 20

Outre les bouquinistes bien connus des quais de Seine (quai du Louvre, quai de la Tournelle et quai Voltaire), on en trouve de charmants dans les passages du 9e arrondissement, le passage Verdeau ayant ma préférence. Quartier littéraire par excellence, ils abondent également au Quartier latin (métro Odéon, vers la rue de Seine ou du côté de la cour de Rohan).

CIRER SES SOULIERS

« Ne pas alourdir ses pensées du poids de ses souliers. »
André Breton

Allez, c'est décidé ; c'est le moment. Un samedi matin ensoleillé où la lumière de Paris se déverse à gros bouillons dans l'appartement. On extrait plusieurs paires du placard où elles sommeillaient encore : chukka boots, derby balmoral et richelieu à bouts fleuris. Toutes ambrées, nuançant leurs bruns, légers comme un bois de rose ou profonds comme une coulée de chocolat. La petite caisse de bois qui renferme l'outillage s'ouvre sur un fouillis savamment entretenu, boîtes métalliques, brosses, chiffons maculés et raidis. Une odeur de cirage saute aux narines et éclabousse la pièce.

Bien alignés, les souliers attendent patiemment leur tour. Alors on les déshabille, retirant les embauchoirs de cèdre, tirant sur les lacets jusqu'à les ôter. Un petit coup de brosse douce, un petit coup de chiffon. Le flacon de crème crisse lorsqu'on en dévisse le couvercle. La pointe d'un chiffon propre – une vieille chemise – y plonge, glisse comme dans un beurre mou et ramène avec elle un peu de cet onguent onctueux qui sent bon la cire. Vient alors ce moment que l'on aime tant où, d'un léger mouvement circulaire, on masse le cuir. La crème pénètre la peau sans peine comme sur un dos de baigneuse, un jour de plage en été. La couleur change un peu, vire au mat. Le parfum du cuir se fait plus présent ; on sent la matière vivante, elle respire tout près. On a un peu de mal à s'interrompre pour passer au suivant, répétant les mêmes gestes délicats et lascifs.

Heureusement, on sait que le lendemain le cérémonial pourra reprendre. On attrapera les souliers repus de crème pour les patiner au cirage et à l'eau, à force de gestes circulaires infiniment répétés, d'une patience d'artisan. Alors seulement on pourra envisager la révélation. Les frotter doucement pour faire enfin jaillir leurs reflets, ces grandes flaques de lumières qui coulent à nos pieds. Oui, vivement demain.

LE PRÊT-À-PORTER HORS DES SENTIERS BATTUS :

Aubercy
34, rue Vivienne, 75002
01 42 33 93 61

Le luxe discret à la française. Ce bottier installé dans le quartier de la Bourse depuis 1935 a su allier la qualité de fabrication anglaise, la créativité italienne et le bon goût français. Un *must-have.*
(À partir de 800 €.)

Hardrige
3, rue Chabanais, 75002
01 42 96 91 02

Fournisseur des unités d'élite des armées françaises, ce bottier isérois a pris place depuis peu dans l'univers du prêt-à-porter avec des modèles personnalisables à prix doux.
(À partir de 250 €.)

Altan
5, rue Sainte-Beuve, 75006
01 45 44 44 76

Un bottier venu de la Grande Mesure vers le prêt-à-porter, se distinguant en proposant à ses clients une personnalisation complète de leur modèle (couleur, patine, lacets...). Un des meilleurs rapports qualité-prix du marché.
(À partir de 350 €.)

Caulaincourt
120, boulevard Haussmann, 75008
01 43 87 03 06

Sous la houlette d'Alexis Laffont, ce jeune bottier français propose des modèles en cousu Blake soignés et contemporains, dans des cuirs de très bonne tenue. Faible production et prix attractifs.
(À partir de 350 €.)

Marc Guyot
5, rue Pasquier, 75008
01 47 42 41 84

Une très belle gamme de souliers de créateur inspirée de la mode des Années folles (1920 à 1930). Superbes patines à la carte. Très beaux modèles de bottines et brodequins originaux.
(À partir de 500 €.)

Carlos Santos (chez Blake & Goodyear)
46, rue de Longchamp, 75016
01 45 05 14 10

Dessinés par Marc Guyot, ces souliers fabriqués au Portugal conjuguent élégance et fabrication de grande qualité. La gamme « Handcrafted » est une merveille de style.
(À partir de 700 €.)

PLUS ACCESSIBLE MAIS DE BONNE QUALITÉ :

Loding
9, rue de Passy, 75016
01 45 20 95 59
(À partir de 150 €.)

LES BOTTIERS SPÉCIALISTES DU SUR-MESURE DE LUXE :

Pierre Corthay
1, rue Volney, 75002
01 42 61 08 89

Clairvoy
17, rue Fontaine, 75009
01 48 74 44 03

Anthony Delos
41, rue Volta, 75003
contact@anthonydelos.com (sur RDV uniquement)

(Ne comptez pas moins de 2 500 €.)

CORDONNIERS :

Minuit moins 7
10, passage Véro-Dodat, 75001
01 42 21 15 47

Dominique Barilero
5, rue Amélie, 75007
01 45 51 29 53

Hamil
111, rue du Faubourg-Poissonnière, 75009 – 01 42 46 88 45

Oum Sack
64, rue Blomet, 75015
01 45 66 44 76

Rachid
72, rue Boursault, 75017
01 42 28 00 04

Atelier Cattelan
2, rue Melingue, 75019
01 42 08 58 18

DES BELLES À ENTRETENIR

Cirer ses souliers est un art nécessaire. Nos belles, pour durer, nécessitent quelques soins, réguliers et prodigués avec méthode. Premier lieu commun à enterrer : le cirage ne sert qu'à faire briller. En tant que tel il n'entretient pas et ne nourrit pas le cuir. Voici donc comment procéder pour que vos souliers restent impeccables durant des années, parfois même une vie.

Nettoyer les souliers de toute impureté avec un chiffon et une brosse douce. Passer, à l'aide d'un chiffon en coton une crème adaptée sur toute la surface du cuir (une seule marque possible : Saphir). Laissez reposer 24 heures. Remettez les embauchoirs. Toujours avec un chiffon en coton, mélangez un peu de cirage avec de l'eau (une larme dans le couvercle de la boîte) et passez-le en cercles concentriques. C'est l'étape du glaçage. Laisser sécher une heure. Puis soufflez dessus pour faire apparaître de la buée et frottez doucement avec un bas de femme roulé en boule. Jusqu'à ce que vos souliers brillent « comme un miroir de bordel », selon l'expression consacrée chez John Lobb.

JAMBES EN L'AIR

« Tout vrai regard est un désir. »
Alfred de Musset

En 1977, François Truffaut plaçait dans la bouche de Charles Denner cette sentence définitive : « *Les jambes des femmes sont des compas qui arpentent le monde en tous sens, lui donnant son équilibre et son harmonie.* » C'était dans *L'Homme qui aimait les femmes*. Et nous sommes quelques-uns à avoir fait tatouer cette maxime sur notre torse, à l'avoir érigée en principe de vie et à en savourer, les yeux émerveillés, l'exacte vérité à chaque retour du printemps.

Il faut dire que le retour des beaux jours est, pour l'amateur, une époque bénie. La lumière amorce un retour triomphal, elle éclate au-dessus de la ville en de vastes flaques blanches, et rase le sol le soir venu, dessinant aux silhouettes des contours scintillants. La chaleur vous saute au cou comme un parfum de violette et déshabille les femmes le matin, devant leur garde-robe. Exit les manteaux, les pantalons, finie la pesanteur, vive la légèreté. Les nuques éclosent dans l'air du temps, les épaules et les bras se dénudent, les jambes se dévoilent, avec ou sans un dernier rempart de soie ; genoux et chevilles s'offrent enfin au soleil et au regard des hommes.
Mais faut-il que nous soyons stupides pour ainsi nous emballer à la vue d'un mollet tendu comme un archet de violon par un talon haut ? Faut-il que nous soyons d'une sensiblerie maladive pour ainsi nous émouvoir d'une cuisse découverte, à la peau que l'on devine douce et chaude comme le sable fin des plages les plus sauvages ? Faut-il que nous soyons d'une bêtise infinie pour sourire en coin béatement dès qu'une jupe légère, bousculée par le vent, caresse en un délicieux mouvement deux belles fesses aux rondeurs captivantes ? Faut-il que nous soyons désespérément obsédés pour laisser notre esprit, à défaut de nos mains, courir le long de ces jambes nues d'inconnues quadrillant d'un air décidé l'asphalte de nos trottoirs ? Faut-il enfin que nous vivions à ce point à côté du monde pour nous oublier si longtemps dans les replis d'une jupe remontée sur des jambes croisées bien haut ?

Peut-être. Peut-être sommes-nous tout cela, stupides, sensibles, obsédés et terriblement bêtes. Mais peut-être ne sommes-nous que des hommes. Des hommes qui aiment les femmes.

OÙ S'ASSEOIR POUR PROFITER AGRÉABLEMENT DE CE LÉGER BALLET FÉMININ ?

Le boulevard Saint-Germain reste un incontournable. L'avenue Montaigne offre un vaste théâtre au déhanchement des mannequins des maisons de couture avoisinantes. La place Sainte-Marthe, tout comme les abords du canal Saint-Martin, ravira les amateurs de tissus fleuris et « ethniques ». La jambe est toujours bronzée aux abords du Ranelagh ; la jupe bien coupée dans les allées du Marais. Les jardins publics et les parcs offrent un refuge de calme aux étudiantes comme aux mères de famille. À ne pas sous-estimer. Et enfin, pour les plus chanceux (ou les plus patients) : la grille de métro, place de la Croix-Rouge, juste à côté de la statue du *Centaure* de César. Une Marilyn étourdie finit toujours par s'y laisser soulever la jupe.

IL GELATO COME UNA VOLTA
GROM

FRANÇOIS SIMON

Chroniqueur gastronomique

MON PLAISIR PARISIEN

Il tient dans une petite cuillère. Il passe de glace en glace (Grom, rue de Seine, café/yaourt). Au ralenti, à l'extrême lenteur. Cette félicité se constitue de strates déposées les unes sur les autres : lecture d'un quotidien au soleil, seul, avec la glace que l'on laisse volontairement se déliter pour retrouver son identité de crème glacée. Autant que possible, sortir d'une nuit éreintante et être dans un semi-coma. Ne pas parler, juste s'accrocher à ce petit atoll. Tel un œil, une ronde, un parc pour enfant. Ne pas prendre le modèle petit mais maxi. En faire son déjeuner. Repartir chanceler dans le quartier. Chantonner et flâner.

COMPOSER UN BOUQUET

*« Vous êtes le bouquet de votre bouquet même,
Et la fleur de sa fleur, sa grâce et sa pudeur. »*
Pierre de Ronsard

On devrait toujours vivre parmi les fleurs. Acheter chaque semaine un bouquet au petit fleuriste d'en bas pour le prix d'un paquet de cigarettes, le dresser au centre d'une table, sur une cheminée, et vivre quelques jours dans son parfum. C'est une évidence d'une absolue clarté et pourtant qui s'en soucie ? Les fleurs embellissent la vie, la vaporisent d'odeurs délicates et en colorient les jours.

Fouiller des yeux la devanture du fleuriste, repérer la base d'un bouquet (roses, pivoines, tulipes, iris…), et laisser filer l'inspiration sur son canevas. Ajouter une teinte en faire-valoir, pas plus, déposer le tout sur un grand lit de feuillage au vert profond, choisir la sobriété d'une composition mêlant peu d'espèces. Ou, au contraire, opter pour l'explosion de couleurs, élargir la palette des pétales et des corolles, mélanger les formes et les tonalités sans jamais verser dans le n'importe quoi. Se voir peintre d'un moment, faisant jaillir des tiges immenses de ses tubes, badigeonnant les fleurs d'un pinceau multicolore. Bouquet de fleurs champêtres, composition minimale et sophistiquée, tout est permis selon l'humeur du jour et la destination.

On attrape les bottes de fleurs coupées, on les mélange, touche après touche, on essaie, on recommence, jusqu'à ce qu'enfin on éprouve ce sentiment indéfinissable mais irrépressible d'avoir atteint l'harmonie. Alors, on apporte le tout sur le comptoir pour l'assemblage final, celui qui donnera à ces fleurs en vrac, comme autant de notes de musique, leur dimension symphonique. Le bouquet achevé, on s'en saisit, il est ravissant. Alors, après les yeux, on y plonge le nez. Assommé en une seule inspiration par une si violente beauté.

À vrai dire, si je cherchais une preuve de l'existence de Dieu, c'est d'abord dans une fleur que je regarderais.

UN BEAU BOUQUET (INRATABLE) POUR UNE POIGNÉE D'EUROS :

Une petite botte de fleurs jaunes (roses ou tulipes selon les saisons et les arrivages)
Une botte de toutes petites fleurs blanches (gypsophile, statice ou eupatorium)
Une botte de santini vert (grosses boules vert pâle)
Des tiges de beargrass (longues tiges fines et souples sans fleurs)

Demandez à ce que l'on vous fasse un bouquet rond. Refusez le papier d'emballage pour ne garder que la cellophane. La pure transparence mettra votre bouquet en valeur, ses couleurs se suffisant à elles-mêmes.

LES FLEURISTES SONT AUSSI DES ARTISTES :

Stéphane Chapelle
29, rue de Richelieu, 75001
01 42 60 65 66

Jardin du Louvre
25, rue du Louvre, 75001
01 42 33 52 72

Odorantes (roses)
9, rue Madame, 75006
01 42 84 03 00

Erick Fabre
52, rue Saint-Dominique, 75007
01 45 55 71 84

Un Jour de fleurs
22, rue Jean-Nicot, 75007
01 45 50 43 54

Le Jardin Saint-Honoré
56, rue du Colisée, 75008
01 42 68 10 96

La Fabrique d'Effets
(vins bio et bouquets de fleurs)
104, rue Legendre, 75017
09 62 37 41 02

Luc Deschamps
18, avenue Niel, 75017
01 42 27 98 94

Les Mauvaises Graines (plantes uniquement)
25, rue Custine, 75018
01 55 79 71 35

CÔTÉ LUXE :

Lachaume
10, rue Royale, 75008
01 42 60 59 74

René Veyrat
168, boulevard Haussmann, 75008
01 45 62 37 86

UN CIGARE SOUS LES ÉTOILES

« Le ciel est beau il fait tiède et je suis bien. »
Guillaume Apollinaire

Tout est affaire de circonstances. Mais, au final, c'est toujours un peu la même histoire. Le dîner s'est achevé, nous plongeant dans un bonheur ouaté que les vapeurs de vin caressent dans le sens du poil. On a la tête légère, le cœur aussi. On se retrouve seul sur la terrasse – elle a regagné la chambre de l'hôtel – ou avec quelques amis échoués là. L'air est doux et accueillant. Alors l'envie vient. Un dernier plaisir avant le retour, le sommeil et l'effacement. D'ailleurs, on pourrait aussi bien se trouver dans une fête, dans le brouhaha des verres qui se cognent aux décibels, avec une envie terrible de filer sur le balcon pour se shooter une dose de calme. En échappatoire.
C'est le moment du cigare prémédité. On le sort de l'étui, le porte aux narines pour en sentir le parfum puissant, poivré, puis, le pressant délicatement entre deux doigts comme pour en éprouver l'élasticité – donc la fraîcheur –, on le glisse entre les lèvres. On ne l'a pas choisi trop long (un *Robusto*), juste pour se dire que l'on est parti pour une demi-heure, pas plus. On l'allume sous les étoiles en protégeant la flamme au creux de la main : c'est Hemingway sous les tropiques, Mallarmé à Fontainebleau. La première bouffée vous agresse toujours un peu, elle sent la poudre. Mais peu à peu le rythme ralentit, les inspirations s'espacent, les flambées deviennent plus clémentes. On lève alors les yeux vers le ciel en soufflant la fumée dense vers les nuages. Le parfum créole, de terre et de cendres, se dissipe avec douceur dans l'air, sans incommoder quiconque.
Parfois, même, l'envie de marcher nous saisit et l'on fait quelques pas, le rouleau de tabac incandescent à la main, les idées vagabondes. On reprend alors une bouffée, et ainsi de suite jusqu'à la dernière, quand le foyer est si proche qu'il vous brûle les doigts, comme un petit enfer domestique se consumant entre vos lèvres.
On écrase alors le bout de cigare consciencieusement avec deux doigts. Et l'on jette son corps au milieu de la pelouse ou dans le premier bac à fleurs venu. Encore plus léger. Désinvolte. La conscience diluée dans le flou de sa fumée.

LE CIGARE DÉCOMPLEXÉ

SIX CONSEILS POUR UNE PREMIÈRE DÉGUSTATION RÉUSSIE :

1 Soyez bien disposé. Si vous vous sentez stressé ou trop fatigué, annulez, décommandez, reportez. Une dégustation forcée ou bancale laissera un mauvais souvenir. Ce n'est pas ce que vous voulez, n'est-ce pas ?

2 Soyez seul ou bien accompagné. Rien de tel que de fumer un cigare avec de bons amis ou en tête à tête avec soi-même. Le cigare est une parenthèse accueillante, son confort vous dorlote. Entre amis les langues se délient, on verse vite dans la confidence. Seul, on se laisse facilement aller à la rêverie. Évitez en tout cas les donneurs de leçon.

3 Mettez tous vos sens en éveil... sauf l'ouïe. Saisissez le cigare, caressez son velouté avec vos doigts, respirez ses parfums, admirez sa construction, portez-le en bouche une fois décapité. Mais le rouler entre les doigts à proximité de votre tympan ne vous donnera aucune indication sur sa qualité. Laissez cela aux mafieux et aux cow-boys.

4 Oubliez les ronds de jambe de l'étiquette. Seuls les faux prophètes affirment que fumer le cigare répond à un cérémonial. Ôtez la bague au début ou à la fin, comme vous l'entendez, tirez à votre rythme, coupez à la guillotine, à l'emporte-pièce, avec les ongles ou les dents. Deux règles seulement : ne promenez jamais une flamme sur sa peau fragile, et ne l'allumez pas avec la flamme d'un briquet à essence, au risque d'altérer son goût. Et, bien sûr, n'avalez pas sa fumée.

5 Laissez votre tête au vestiaire. Boisé ? Torréfié ? Goût de cuir, de gibier, d'épices, de miel ? Bof... Et si vous laissiez tout simplement votre plaisir aux commandes ? Évitez le trop-plein d'élucubrations. Le mystère ne s'explique pas. Autant ne pas tenter de décrypter cette première fois voluptueuse. Vous serez scolaire les prochaines fois.

6 N'hésitez pas à lui dire au revoir. Même à la moitié du cigare, si vous pensez qu'il vous a tout dit (et réciproquement), si vous sentez une légère ivresse vous envahir, mettez un terme à votre union. Se forcer à finir n'est surtout pas obligatoire. Arrêtez dès que le plaisir menace de vous quitter.

TROUVER SES MODULES :

La Civette du Palais-Royal
157, rue Saint-Honoré, 75001
01 42 96 04 99

La plus vieille civette de France, ouverte depuis 1717 en face de la Comédie-Française. Voltaire, Casanova et Napoléon III y achetaient leurs cigares.

Art Tabac
2, place de Catalogne, 75014
01 40 47 66 50

Le patron est le seul en France à avoir créé son propre cigare au Nicaragua, le Pitbull. Excellent choix de havanes et autres terroirs. Fumoir sur place.

ET AUSSI :

Civette George V
22, avenue George-V, 75008
01 47 23 44 75

Le Lotus
4, rue de l'Arcade, 75008
01 42 65 35 36

Lemaire
59, avenue Victor-Hugo, 75016
01 45 00 75 63

SEUL PARMI LES FEMMES

« Toutes ces femmes assises ont au cœur quelque chose d'agréable : un souvenir, une attente. »

Jules Renard

Vous en prenez conscience dès la porte poussée. Un bref regard vers la carte vous le confirmera. Salades, tartes salées, petites pousses, graines germées et céréales improbables, jus de fruits (ah, ce jus carotte-orange-gingembre qui vous électrise au Nanashi !), pâtisseries par douzaines aux accents britanniques (cheese-cake incontournable) : vous pénétrez en territoire inconnu. Car ici, vous l'avez compris, la jupe règne en souveraine. Vous êtes chez ces dames, dans une de ces adresses estampillées « *entre copines* ».

Bien sûr, vous n'y venez que pour le déjeuner, et seul de préférence. Des jambes longilignes se glissent sous les tables, les sacs à main s'endorment au pied des chaises comme de dociles animaux de compagnie, un parfum délicat de cheveux bien brushés file entre les tables. Concertos de bises à l'arrivée, de voix haut perchées et de murmures infidèles. Confidences et indiscrétions au menu. Vous êtes l'homme perdu au milieu des femmes et elles ont cette élégance naturelle de ne pas vous faire sentir de trop.

Alors, au plaisir d'assiettes sages et diététiquement correctes – une fois n'est pas coutume et franchement c'est revigorant – se mêle le frisson du regard qui glisse de table en table comme dans un long plan-séquence de Claude Lelouch, leur cinéaste préféré. Dans un décor toujours soigné, joli à force de douceur, parfait comme la dernière manucure, l'esprit s'évade entre chaque bouchée. Toutes les nuances de la féminité à portée d'imagination, selon les humeurs et les endroits : sophistiquée, spirituelle, futile, absente, outrageuse, régressive, gazouillante (c'est parfois la volière), détachée, charmeuse, concentrée, à la pointe de la mode ou en jeune mère de famille, surprise dans la beauté de l'âge et d'une escapade hors des murs.

Vous garderez vos pensées pour vous mais en ressortirez l'estomac et le cœur légers, épaté d'avoir osé vous glisser en leur repaire, heureux de tant de grâce, mais un peu mélancolique tout de même. Vous n'étiez que de passage. Un invité en transit. Un homme seul parmi les femmes.

OÙ S'AVENTURER ?

(Un à la fois, s'il vous plaît messieurs.)

Cantine de Merci
111, boulevard Beaumarchais, 75003
01 42 77 00 33

Cru
7, rue Charlemagne, 75004
01 40 27 81 84

Les Deux Abeilles
189, rue de l'Université, 75007
01 45 55 64 04

Rose Bakery
46, Rue des Martyrs, 75009
01 42 82 12 80

Supernature
12, rue de Trévise, 75009
01 47 70 21 03

Nanashi
31, rue de Paradis, 75010
01 40 22 05 55

Et tous les restaurants du Bon Marché
24, rue de Sèvres, 75007
01 42 22 81 60

ET À L'HEURE DU THÉ ?

Carette
25, place des Vosges, 75003
01 48 87 94 07

Salon du cinéma du Panthéon
13, rue Victor Cousin, 75005
01 56 24 88 80

Ladurée
21, rue Bonaparte, 75006
01 44 07 64 87

Bread and Roses
7, rue de Fleurus, 75006
01 42 22 06 06

Café du Musée Jacquemart André
158, boulevard Haussmann, 75008
01 45 62 11 59

LA VILLE ENTRE CHIEN ET LOUP

« Il faut capter la lumière et la jeter directement sur la toile. »
Claude Monet

C'est sans doute depuis toujours l'heure que je savoure avec le plus grand plaisir. Depuis toujours ? Disons, peut-être, depuis cette époque lointaine où lors de ces longs voyages en auto qui nous menaient, enfants, de Paris à la Côte d'Azur, je fuyais la radio qu'écoutaient nos parents en m'absorbant, le front collé à la vitre, dans la poursuite des nuages à la tombée du jour. Les reflets de cette lumière métallique, luisante et si particulière me fascinaient déjà.

Paris entre chien et loup, c'est l'heure de l'entre-deux, de l'instabilité par excellence, l'heure des dissolutions. Ce n'est pas encore la nuit mais plus vraiment le jour. Le ciel se teinte de toutes les variations de bleus possibles, par endroits violent et sombre, ailleurs éclairé d'une pâleur laiteuse. Les contours de la ville se font plus précis, aiguisés par les derniers rayons du soleil mourant dans l'orange. Le monde se blottit alors dans cette lumière passagère et mouvante, aux reflets dorés. On s'arrête. On regarde. Toute chose semble si différente de ce qu'elle était il y a quelques instants et de ce qu'elle sera dans quelques minutes, quand la nuit se sera finalement rendue maîtresse des lieux, sous la lune, les étoiles ou les réverbères.

Tout est suspendu. Une minute encore et c'est le dernier looping, un ultime flash de clair-obscur révélant les beautés cachées de la ville ; comme si la vraie nature de Paris jaillissait brutalement, pour quelques poignées de secondes à peine, avant de disparaître dans la pénombre. Les perspectives s'effacent, glissent lentement dans une douceur pastel. Alors tout semble devenir possible.

OÙ OUVRIR LES YEUX À LA FIN DU JOUR ?

Sur le pont Alexandre-III et au pont des Arts
Au bout de l'île Saint-Louis
Aux abords du bois de Boulogne
Sur les quais devant le musée d'Orsay
Devant les grilles des Buttes-Chaumont
Place de Breteuil, les yeux tournés vers le dôme des Invalides
Dans les allées rectilignes du Palais-Royal
Sur les toits de l'Opéra
Partout ailleurs

PORTER UNE CRAVATE

« Une cravate bien mise répand comme un parfum exquis dans toute la toilette ; elle est à la toilette ce que la truffe est à un dîner. »
Honoré de Balzac

Les temps changent : ce qui était jadis obligatoire devient facultatif, et par là-même, une marque de distinction. Ainsi en va-t-il de la cravate. Ce vade mecum du cadre moyen, ce sine qua non de la finance, est devenu un'élément de différenciation, un hasard, une rareté. Heureux porteurs que nous sommes ! À nous la liberté, le choix des circonstances, l'élégance du moment. Moment qu'il faut, c'est la contrepartie, choisir avec soin et discernement (quand la porter, quand la négliger). On exhibe alors notre cravate comme une vieille maîtresse, aux apparitions capricieuses, parfois sérieuse et grave, parfois pleine de fantaisie.

Vous êtes là, le corps penché sur le tiroir qui les abrite, allongées côte à côte ou soigneusement enroulées en escargots multicolores, caressant d'un œil gourmand les tissus et les couleurs. Vos doigts glissent, frôlent la soie, effleurent la laine, se frottent au tricot. Les circonstances sont variables. Vous pourriez sortir dîner avec elle, filer à l'opéra ou au théâtre, vous pourriez aussi, dans une chambre reculée, vous préparer à rejoindre amis ou famille pour déboucher quelques bouteilles.

Alors sonne l'heure du choix. Matière (la souplesse d'une veste, d'une popeline appellent une cravate légère), tonalité (l'accord des coloris avec la chemise et la veste doit résonner comme une évidence), taille du nœud (il prend ses aises sur un col italien et se resserre sur un anglais), chaque détail a son importance. Quelques minutes, quelques essais de tons, d'étoffes, un peu de réflexion, et voici l'heureuse élue pendant autour de votre col relevé.

Vient enfin la dernière volupté : elle se niche dans la précision de gestes mille fois accomplis. Ces mains agiles qui font coulisser les pans de tissus, le bruissement léger lorsqu'on la serre, ce pincement délicat de deux doigts, Windsor, demi-Windsor, le petit geste de conclusion qui fera naître une larme parfaite sous le nœud. Surgit sans crier gare le souvenir de votre père vous apprenant les gestes, cette précision de la longueur, ce goût des assortiments. Un dernier ajustement et on est paré. On peut apparaître et se donner gentiment à voir en sa compagnie. Portant cravate avec la fierté sereine de ceux qui ne se plient pas aux règles communes.

Quand les présentateurs du JT de 20 heures et les hommes politiques n'en portent plus, il est grand temps de la ressortir du tiroir. Car il n'y a pas de saison pour porter la cravate, juste des occasions.

Toujours porter une cravate à Paris pour :

aller au spectacle (non, pas le cinéma), se faire interviewer à la télévision, dîner dans un restaurant étoilé, emmerder les bobos.

POUR LES METTRE À VOTRE COU :

Charvet
28, place Vendôme, 75001
01 42 60 30 70

Brooks Brothers
372, rue Saint-Honoré, 75001
01 40 20 10 01

Hackett
17, rue de Sèvres, 75006 - 01 45 49 18 93

La Maison de la Cravate
14, rue du Regard, 75006 - 01 45 48 66 02

Marinella
(la rolls de la cravate et son modèle à 9 plis) au Four Seasons George V
31, avenue George V, 75008 - 01 49 52 70 00

Kimono
74, boulevard Haussmann, 75008
01 43 87 43 42

Old England
12, boulevard des Capucines, 75009
01 47 42 81 99

UN SECRET BIEN GARDÉ :

On trouve au pied du Printemps Haussmann (sous le passage qui mène vers la rue de Provence, entre le Printemps Beauté et le Printemps de la Mode), un stand de cravates de fabrication française où l'on peut s'offrir 5 cravates unies pour 5 € : de quoi se prendre pour un roi du pétrole !

THEATRE DE LA RENAISSANCE
RENAISSANCE

FRANCIS KURKDJIAN

Parfumeur

RENTRER À PIED

Je suis un amoureux inconditionnel de Paris. Je voyage très souvent, et l'un de mes tout premiers plaisirs, de retour de mes pérégrinations professionnelles, est de reprendre possession de ma ville. Rentrer à pied de ma boutique rue d'Alger à mon domicile, face au théâtre de la Renaissance dans le 10e arrondissement, c'est mon petit plaisir parisien. J'aime parcourir la rue Saint-Honoré, m'arrêter un instant devant la vitrine de la galerie de la Manufacture de Sèvres, place André-Malraux, puis passer devant la Comédie-Française en songeant à toutes ces pièces que je n'aurai pas l'occasion de voir faute de temps. J'aime continuer mon chemin sous les arcades du Palais-Royal, slalomer entre les enfants qui jouent au milieu des colonnes de Buren, observer les touristes égarés qui déambulent. J'aime poursuivre ma route à travers le jardin, humer ses senteurs qui évoluent au gré des saisons, avant de regagner la rue et son brouhaha après cette pause hors du temps. J'aime ce chemin qui me fait glisser imperceptiblement de l'élégant 1er arrondissement vers mon quartier d'adoption où la vie se colore de toutes les saveurs du monde. J'aime ces couleurs, ces odeurs et ces bruits qui me sont familiers. J'aime Paris, sa magie et son esprit de liberté.

ALLUMER LE FEU

« Je vécus au seul bruit des flammes crépitantes, au seul parfum de leur chaleur. »
Paul Eluard

On a soigneusement mis de côté quelques journaux. Acheté du petit bois dans une station-service d'autoroute lors d'un week-end de septembre, remonté dans l'appartement quelques bûches aux dimensions parisiennes, taillées au cordeau sur un modèle unique, trente centimètres, pas plus, des bûches haussmanniennes.

Allumer le feu est un plaisir dont on ne se lasse pas, que l'on n'abandonne à personne. Un réflexe antique, campagnard, revenu du fond des âges ; le feu, c'est une affaire d'homme. Une fierté de petit garçon. Chacun a sa technique, perfectionnée au fil du temps à chaque occasion possible (camp scout, barbecue d'été, week-ends à la campagne). Toutes se valent. Car là, seul le résultat compte, un feu qui jette vite ses premières flammes vers le sommet de l'âtre en crépitant dans sa lumière orange.

On froisse d'abord les pages de journal en boules pas trop serrées, avec la délectation sans conséquence de l'encre qui grise les doigts. Puis on éparpille avec

soin les bûchettes de petit bois dont l'odeur de forêt est un hors-d'œuvre. On aime sentir leur matière fibreuse au creux des mains, les saisir par poignées, pour un peu on les porterait au nez comme une brassée de fleurs odorantes. Puis on dispose avec des gestes lents, calculés, quelques bûches en étoile sur le sommet du petit tas qui vient de naître. Vient alors le moment délicat de l'embrasement : on a prévu de ces allumettes si longues qu'elles semblent des cierges de cathédrale. Un petit éclair à droite, un au milieu, un à gauche, et le papier se recroqueville en grinçant, faisant naître en un instant des flammes hautes et sans chaleur. L'œil guette la prise du petit bois par la flambée soudaine, ce mélange de rouge et de noir, cette vie qui fait palpiter la matière, encore inanimée quelques secondes plus tôt.

La récompense est là, le grésillement des flammes, la chaleur orange et bleue qui danse sur les visages alentour, le craquement du bois ; le soufflet, ce sera pour plus tard. L'hiver peut arriver. On est prêt.

OÙ ACHETER SON BOIS À PARIS ?

Dans ce qu'il reste de stations-service de quartier, dans les grandes surfaces de bricolage ou de jardinage. Une solution efficace et rapide : se faire livrer à domicile (www.bucheabuche.fr et www.lebucheronparisien.com).

DÎNER AU COIN DU FEU :

La Chinoiserie
24, boulevard Malesherbes, 75008
01 55 27 12 34

Chic et contemporain, idéal pour un dîner en amoureux (demander l'une des deux tables près de la cheminée).

L'Atelier de Maître Albert
1, rue Maître-Albert, 75005
01 56 81 30 01

Rôtisserie contemporaine et cheminée moyenâgeuse sous la houlette de Guy Savoy.

Le Chalet des Îles
Lac Inférieur, bois de Boulogne, 75016
01 42 88 04 69

Vaut surtout par le cadre, un superbe salon à cheminée jadis fréquenté par Proust.

COURIR DANS PARIS
SANS RENCONTRER UNE VOITURE

Effectuer son jogging dans Paris sans rencontrer la moindre automobile (ou à peine), tout en savourant l'âme de la capitale aux abords de la Seine, c'est possible. Il suffit de prendre son élan et de suivre l'itinéraire suivant (environ 10 km) :

1. Partir du haut des jardins du Palais-Royal, devant le Grand Véfour ;
2. Descendre les jardins, passer sous les galeries, traverser la cour par les colonnes de Buren ;
3. Sortir sur la place Colette, entre la Comédie-Française et le Nemours ;
4. Franchir la place du Palais-Royal en direction du Louvre ;
5. Traverser de la rue de Rivoli et passer sous les arcades du Louvre jusqu'à la Pyramide ;
6. Tourner à droite pour traverser le rond-point du Carrousel, puis passer sous l'arc de triomphe ;
7. Poursuivre tout droit jusqu'aux dix marches qui permettent d'entrer dans le jardin des Tuileries ;
8. Effectuer un tour du jardin. Ou plutôt les trois quarts, car, sur le flanc sud du jardin, un tunnel conduit à la passerelle Simone-de-Beauvoir et les quais piétons à hauteur des péniches ;
9. Rester Rive droite et remonter les quais en direction de la tour Eiffel ;
10. Poursuivre sur quelques centaines de mètres : la chaussée reprend de l'altitude jusqu'à l'obélisque de la Concorde, avant de redescendre au niveau de l'eau ;
11. Plus loin sur les quais, faire demi-tour avant les cars de touristes qui affluent vers les bateaux-mouches ou (pour les plus courageux) changer de rive au pont de l'Alma et poursuivre jusqu'au Champ-de-Mars ;
12. Faire demi-tour et s'en retourner par le même chemin.

À la fin de votre course, marquée par le retour à la grille du Grand Véfour, prenez le temps, après quelques étirements sous les arbres, de profiter de la fontaine à robinet et des chaises du jardin qui vous tendent les bras, les muscles endoloris, l'âme sereine et les yeux encore pleins des perspectives parcourues, le Grand Palais, la tour Eiffel, le Louvre, le musée d'Orsay, les ponts. Vous réaliserez alors que votre cœur battait dans celui de Paris.

PAS BESOIN D'ÊTRE MARATHONIEN POUR S'Y ÉQUIPER :

Boutique du Marathon
26, rue Léon-Jost, 75017 – 01 42 27 48 18

Planet Jogging
58, avenue de la Grande-Armée, 75017 – 01 45 72 40 00

Endurance Shop
14, rue de l'Ouest, 75014 – 01 43 27 15 65

Créées par des passionnés de course à pied, ces boutiques offrent la particularité de tester en vidéo, sur tapis roulant, votre manière de courir afin de vous conseiller les chaussures les mieux adaptées à votre morphologie. Elles offrent également pour certaines la possibilité d'essayer vos chaussures dans la rue, par tous les temps.

COURIR DANS PARIS SANS RENCONTRER UNE VOITURE

PALAIS-ROYAL
Rue de Rivoli
Tuileries
La Comédie Française
Le Louvre

DÎNER ENTRE HOMMES

« Vous voyez qu'il nous arrive du renfort, il nous faudra un supplément de victuailles. »
Alexandre Dumas

L'amitié masculine s'entretient aussi à coup de rituels. Ainsi, dès l'automne venu, dans les premiers frimas parisiens, quand les chandails ressortent des armoires et que le froid du soir pique les joues de plus en plus tôt, d'étranges cérémonies repeuplent les bistrots abandonnés l'été durant. C'est la rentrée des dîners d'hommes.

Ils se retrouvent entre eux, dans de vieux restaurants aux faux airs de IIIe République, pour savourer le temps qui passe autour de plats aussi solides que leurs appétits de fiers-à-bras. Ces soirs-là, adieu le bar vapeur au fenouil et les coquilles Saint-Jacques à la plancha des dîners en amoureux ; l'heure est au cochon dans tous ses états, aux abats qui luisent dans l'assiette, aux fromages de caractère et aux vins francs du collier. C'est le retour des humeurs XIXe, terrines et gibiers, bras de chemise et vins de copains. Ils ne sont jamais moins de trois autour de la table, atteignant rarement la demi-douzaine : il faut bien s'entendre.

Dans la chaleur des verres vidés et le réconfort d'un décor sans âge, ils poussent fort le thermostat des rapports humains. Vite expédié les banalités, le tour de table des aléas professionnels, les nouvelles du petit dernier. Comme ils sont en France, ils dînent en parlant de bouffe, c'est l'usage, et ils n'y dérogent jamais : un commentaire sur le dernier restaurant

découvert, le vin acheté à la cave, le goût de leur plat. Quelques bouchées encore et déboule la politique, ils en parlent toujours un peu. Parfois les échanges sont vifs et le ton monte aussi haut que le soufflé au Grand Marnier. Mais cela ne prête jamais à conséquence : ils se connaissent si bien. Un petit détour culturel ; ils aiment les livres et le cinéma. Et les femmes, bien sûr.
Vient alors le moment du grand déballage, des confidences lentement articulées, ces choses qu'ils ne disent jamais à leurs compagnes. Le défilé des états d'âme sans paravent. Car ici pas de tabous, on déshabille les sentiments devant les amis, sans gêne.

Ils repartiront chacun de leur côté, un peu gris, un peu roses, encore enveloppés de la tiédeur du moment passé. Heureux de cette halte virile.
La saison durera jusqu'au printemps, espaçant les rendez-vous à mesure que rallongeront les jours. Puis l'été viendra, les vacances aux quatre coins du globe, remplissant de nouveau le réservoir des conversations à venir.
Dès le retour à Paris.

POUR REFAIRE LE MONDE AUTOUR D'UN PLAT DE LENTILLES :

Le Pantruche
3, rue Victor-Massé, 75009
01 48 78 55 60

Passé entre les mains d'Éric Fréchon (3 étoiles au Bristol), Franck Baranger délivre dans son bistrot de quartier une cuisine de haute volée à prix indulgent.
Un plat : joue de bœuf braisée au vin rouge, carottes au poivre noir.
Un prix : menu à 32 €.

Glou
101, rue Vieille-du-Temple, 75003
01 42 74 44 32

Dans un décor de loft new-yorkais, une clientèle enjouée picore sur de larges tables d'hôtes des nourritures bien choisies qu'arrosent des vins diablement futés.
Un plat : *penne* à l'encre de seiche et à la poutargue.
Un prix : entre 30 et 50 €.

Chez Grenouille
52, rue Blanche, 75009
01 42 81 34 07

Pour qui n'a pas peur des calories (une andouillette maison d'anthologie), Grenouille renouvelle avec talent le genre du restaurant campagnard, généreux et sans complexes.
Un plat : andouillette au foie gras et aux escargots.
Un prix : entre 40 et 50 €.

Laiterie Sainte-Clotilde
64, rue de Bellechasse, 75007
01 45 51 74 61

Le prototype du resto de copains où l'on se sent comme en famille dès la seconde visite, accueil à la gentillesse imbattable et assiettes joliment tournées.
Un plat : filet mignon de porc à la sauge et à la rhubarbe.
Un prix : entre 25 et 40 €.

L'Ami Jean
27, rue Malar, 75007
01 47 05 86 89

L'atmosphère survoltée de ce restaurant aux murs datés (et l'agitation vociférante de son chef, Stéphane Jégo) s'ajoute à la frénésie d'assiettes épatantes de vigueur et d'imagination.
Un plat : bœuf Wagyu et cèpes.
Un prix : menu à 35 €.

Le J'Go
4, rue Drouot, 75009
01 40 22 09 09

Y aller un soir de rugby au Stade de France est un événement incontournable de la capitale masculine qui, bien que privée de ses arènes, n'a pas oublié tout ce qu'elle doit au Sud-Ouest.
Un plat : gigot d'agneau fermier du Quercy à la broche et haricots tarbais.
Un prix : entre 30 et 40 €.

Septime
80, rue de Charonne, 75011
01 43 67 38 29

Assiettes sur le vif du produit, tirées au cordeau par un jeune chef, ancien de chez Alain Passard (3 étoiles à L'Arpège), dans un décor à la beauté épurée de pierre et de bois sombre bien dans l'air du temps.
Un plat : *gnochetti* à la crème de maïs et aux copeaux de vieille mimolette.
Un prix : menu à 26 €.

L'Escarbille
8, rue de Pontoise, Meudon (92)
01 45 34 12 03

Ambiance plus nappes blanches et argenterie que rock'n'roll mais assiettes de superbe tenue lorsque l'on souhaite jouer la partition en cravate.
Un plat : suprême de pigeon au sang, cuisses confites et chou frisé.
Un prix : menu à 44 €.

SANS OUBLIER, BIEN SÛR, LES CADORS DE LA BISTRONOMIE PARISIENNE

Comptoir du Relais
9, carrefour de l'Odéon, 75006
01 44 27 07 97

Bistrot Paul Bert
18, rue Paul-Bert, 75011
01 43 72 24 01

Le Baratin
3, rue Jouye-Rouve, 75020
01 43 49 39 70

ALLER AU CINÉMA UN APRÈS-MIDI DE SEMAINE

« De toutes les écoles que j'ai fréquentées, c'est l'école buissonnière qui m'a paru la meilleure et dont j'ai le mieux profité. »
Anatole France

S'offrir une parenthèse, un ralentissement soudain. S'autoriser le décalage, la sortie du temps présent deux heures durant. Aller au cinéma en plein après-midi, un jour de boulot.

L'excitation démarre dès la file d'attente. Elle n'est jamais très longue, normal pour un mardi à 15 heures : quelques étudiantes, des personnes d'âge mûr, de vagues dilettantes, ce n'est pas la foule tonitruante des soirées de fins de semaine. C'est d'ailleurs à voix basse que l'on achète sa place. Comme pour ne pas se faire remarquer, attirer l'attention sur le péché véniel que l'on est en train de commettre.

En général, dans ces circonstances exceptionnelles, on évite le film à grand spectacle. On veut s'évader, certes, mais avec délicatesse, sans tambours ni trompettes. Et cela commence dès les premiers pas dans la salle, bien trop grande pour la petite troupe qui s'y disperse posément. Silencieuse, accueillante dans son clair-obscur moelleux, elle vous tend ses fauteuils comme un divan de psychanalyste. On s'y engouffre en prenant ses aises, casque et manteau à gauche, sac à droite, on peut s'étendre et laisser filer les jambes en diagonale. Parfois, de dimension plus réduite, pour la projection d'un film plus confidentiel, elle n'accueille qu'une poignée de spectateurs, trois ou quatre tout au

plus. On a alors l'impression du confort d'un chez soi gigantesque. Impression toutefois mêlée de l'étrange sentiment d'y être une sorte d'intrus, comme en infraction, volant ce moment de détente à un indéfinissable autrui. Le petit pincement de la mauvaise conscience ajoutant encore à ce plaisir inavouable, cueilli à la dérobée.

On s'enfonce alors dans le silence, bercé par le murmure irrégulier des autres spectateurs, c'est le sas de décompression, le rite de passage qui vous arrache à la réalité du monde et vous emmène en douceur jusqu'aux lumières éteintes. L'écran s'anime alors sous le flot du projecteur. On se redresse un peu, comme au moment du décollage. On est parti. Le voyage peut commencer. Le rêve aussi.

Deux heures plus tard, sur le trottoir, finie l'école buissonnière. On rentre dans le rang, la tête encore ailleurs. On regrette un peu de ne pas avoir proposé à la jeune femme du siège voisin d'aller prendre un café pour parler de Sautet et d'Antonioni. Une autre fois, peut-être...

Tiens, entre-temps il s'est mis à pleuvoir.

DES CINÉMAS OÙ LE CHARME N'EST PAS QUE SUR L'ÉCRAN :

Le Champo
51, rue des Écoles, 75005
01 43 54 51 60

Le Saint-Germain-des-Prés
22, rue Guillaume-Apollinaire, 75006
01 42 22 87 23

Le Nouvel Odéon
6, rue de l'École-de-Médecine, 75006
01 43 26 19 68

La Pagode
57, rue de Babylone, 75007
09 62 23 05 33

Le Balzac
1, rue Balzac, 75008
01 45 61 10 60

Le Cinéma des Cinéastes
7, avenue de Clichy, 75017
08 92 68 97 17

Le Mac-Mahon
5, avenue Mac-Mahon, 75017
01 43 80 24 81

Le Studio 28
10, rue Tholozé, 75018
01 46 06 36 07

FRÉDÉRIC BEIGBEDER

Écrivain

Un plaisir à partager ?
Des œufs brouillés aux truffes à la Maison de la Truffe, place de la Madeleine.

Un plaisir d'enfance ?
La pêche à la crevette sur la plage de Cenitz à Guéthary.

Un plaisir parfumé ?
L'odeur de la compote de pommes de ma grand-mère dans la cuisine, à Pau.

Un plaisir de l'oreille ?
Frédéric Chopin.

Un plaisir charnel ?
Voulez-vous des numéros de téléphone ?

Un plaisir inconnu ?
Je n'ai jamais sauté en parachute.

Un plaisir du goût ?
Le fromage, de préférence le vacherin de chez Barthélémy en décembre.

Un plaisir anachronique ?
La lecture.

Un plaisir qui ne coûte rien ?
Traverser le pont des Arts au crépuscule.

Un plaisir honteux ?
Signer des autographes à Cannes.

Un plaisir hors de prix ?
Le Falcon 900 pour aller manger un carpaccio au Harry's Bar de Venise (40 000 €).

Un plaisir défendu ?
Snifer un rail de coke sur un capot de voiture.

Un plaisir surestimé ?
Le même.

Un plaisir typiquement parisien ?
Le square du Vert-Galant, sans doute le plus bel endroit de Paris, qui est au milieu de la Seine, comme un paquebot immobile. Il faut y emmener au printemps une jeune fille en fleurs, avant de se suicider en se jetant du pont Neuf sous un bateau-mouche.

LE POTENTIEL ÉROTIQUE DU VOUVOIEMENT

« La volupté aime la pudeur. »
Philippe Sollers

À peine une heure que nous bavardons agréablement dans la pénombre sonore de cette Mezzanine de la Rive Gauche. Je ne la quitte pas des yeux. J'aime les petites mèches blondes, presque transparentes, qui viennent caresser la courbe bien négociée de sa nuque sous son chignon ; j'aime sa manière de croiser les jambes très haut, en forte pente diagonale comme un risque d'accident ; j'aime son rire clair en dissidence de sa voix en rocaille. Elle tient dans son regard des incendies altiers. Provocants. La partie est lancée. Le jeu subtil de la séduction, coup après coup, jusqu'à l'échec et mat final.

Elle porte sa coupe lentement aux lèvres, aspire une gorgée de bulles et la repose sur la table basse avec cette nonchalance aristocratique qui me captive. Silence. Un dernier regard effronté et elle finit par prononcer cette phrase tant redoutée : « *Et si on se tutoyait ?* »

Je ferme les yeux et la bouche dans un soupir. Non, non, non ! Mais pourquoi diable vouloir toujours emprunter les raccourcis, couper à travers champs et brûler les étapes ? C'est bien, le vouvoiement ! Cela crée cette délicieuse distance entre les êtres qui matérialise l'effort de conquête amoureuse à venir, les charmants obstacles qu'il faudra franchir, le saut du loup des sentiments qu'il faudra surpasser, toutes ces tendres barricades qu'il faudra abattre. Il y a toujours une vraie sensualité dans ce « vous » qui se prolonge alors même que la connaissance de l'autre se fait plus profonde, plus complète, une sorte de respect, une préciosité peut-être. Un jeu assurément. Entre Valmont et Guitry.

Conserver ce vouvoiement, c'est aussi se réserver le plaisir d'un moment merveilleux à venir, toujours imprévisible, où l'on basculera vers le « tu », un passage comme un abandon, le moment de rendre enfin mutuellement les armes. Lorsque les mains se toucheront ou que les corps se seront embrasés. Ce moment si pur et éphémère où toute l'intimité se cristallise sur un seul mot. « Tu ».

Alors pourquoi s'en priver ?

SE FAIRE PRÉPARER UN COCKTAIL

« Quand l'âme a soif, il faut qu'elle se désaltère. »
Victor Hugo

Franchement, on devrait toujours remercier les *barmen*, leur glisser un billet en partant, comme au psychanalyste.
Ils sont là, toujours présents, derrière leur bar, comme en escale, dernier rempart de la civilisation. Qu'ils assument la gloriole d'un palace ou fassent glisser leurs Converse sur un parquet lustré, qu'ils aient tutoyé « Papa » ou fait les poches du commun des mortels, ils sont là, fidèles au rendez-vous des jours indociles. Ils vous voient venir, fatigués, stressés, excités, amoureux, parfois même absents. Seuls ou entre amis. Vous vous livrez à leur jugement, confiez vos états d'âme, vos envies du moment : « *Un peu épicé, plutôt acide, sans trop de fruits mais rafraîchissant.* » Leurs yeux pétillent, ils commencent à y voir plus clair, dessinent les contours, accordent leurs violons : « *Et si on démarrait sur un trait de mezcal, ça vous irait ?* » On n'ose même pas lui dire qu'on ne sait pas ce que c'est, qu'on lui fait confiance, qu'il doit savoir ce qu'il fait. Car le plus important c'est finalement ce que vous ne dites pas : la jeune femme qui vous accompagne, la barbe de trois jours, la veste un peu froissée, comme votre âme. Tout ça file dans le shaker. Avec trois grains de raisin et un soupçon de ginger-ale. Vous le regardez faire. Le regard perdu dans ses gestes précis et les giclées de liquide incessantes. Le choc des glaçons bouscule le fond sonore de salsa douce. Il se fraie un passage entre les éclats de voix cosmopolites. Puis le coup de frein. Comme au ralenti, au sortir de la passoire, une boisson dorée et crépitante. Dernière larme de citron vert. Il vous regarde en souriant y tremper les lèvres.
La vache ! Il y a toutes vos humeurs là-dedans, celles de l'instant et des heures à venir. Un mix de goûts et de parfums ; comme un uppercut, une étreinte, un murmure à l'oreille. Et au fond du verre, la vie.

DERRIÈRE LE BAR, DES ANCIENS :

Bar Hemingway (hôtel Ritz)
15, place Vendôme, 75001 – 01 43 16 33 65

Duke's Bar (hôtel Westminster)
13, rue de la Paix, 75002 – 01 42 61 55 11

ET DES MODERNES :

Le Wildrick's
95, rue Saint-Honoré, 75001 – 01 40 28 02 62

Experimental Cocktail Club
37, rue Saint-Sauveur, 75002 – 01 45 08 88 09

Le Molotov
4, rue de Port-Mahon, 75002 – 01 73 70 98 46

Curio Parlor
16, rue des Bernardins, 75005
01 44 07 12 47

Prescription Cocktail Club
23, rue Mazarine, 75006 – 01 46 34 67 73

Le Secret
16, avenue de Friedland, 75008
01 53 53 02 02

MA PLANQUE :

La Candelaria
52, rue de Saintonge, 75003 – 01 42 74 41 28

Un air de clandé sud-américain, dissimulé au fond d'une taquería, où officient mes deux barmen préférés, la Colombienne Carina et le New-Yorkais Joshua.

CONDUIRE UNE AUTOMOBILE ANCIENNE

« Les voitures ont été mes danseuses. […] Au cours des longues nuits de voyage, je m'arrêtais sur des voies secondaires pour dormir en elles, comme un amant épuisé, la joue appuyée sur leurs coussins de cuir. »

Michel Déon

Toutes les voitures ne sont pas, loin s'en faut, des automobiles. Scotchées à leur rôle utilitaire, elles ne charrient dans les bagages de leur coffre XXL aucune émotion. Mais d'autres, envoûtantes et crâneuses – ce sont celles que nous aimons – accèdent au Graal mécanique : ce sont nos autos. « *Je vous raccompagne dans mon auto ?* » Ça sonne bien, non ? Trop vieux ? Trop *old school* ? Ah bon... De toute façon, on s'en fout. Parce que nous, on aime ça, conduire une vieille bagnole dans les rues de Paris. Filer le long des boulevards au volant d'une automobile ancienne, affirmer son goût de l'indépendance, son goût de l'aventure, son goût tout court. Car, sachez-le, conduire une vieille auto, c'est quelque chose.

Bien sûr, il y a la beauté de l'engin. Ces lignes d'un autre temps, lorsque chaque voiture affichait encore une personnalité propre, sans chercher à ressembler au succès routier du moment ou à arborer les formes universellement rondes et sécurisantes d'un cocon protecteur, le ventre de maman. Des matériaux lourds, de l'acier, des chromes, des caoutchoucs, façonnés par la main de l'homme en un objet désirable.

L'automobile ancienne traîne avec elle toute une époque, comme si toutes les années passées avaient trouvé refuge dans sa boîte à gants. Glissez-vous dans une Lotus Seven et les années soixante

débouleront en force, Swinging London, Mary Quant et minijupe. Montez dans une Porsche 911 Targa et les *seventies*, moustaches, Sylvia Kristel dans *Lui* et *Eau Sauvage* vous sauteront au visage. Que voulez-vous ? Ces tacots sont des machines à remonter le temps.

Et puis il y a l'odeur, inimitable, patinée, jouissive. L'odeur d'essence qui vous monte aux narines. Plus rien d'aseptisé, mais du caractère, des sensations. Comme celles d'une conduite qui, si souvent, tient plus du pilotage. Sans compter ce délicieux nuage planant sur chacune de vos sorties : le risque de la panne. Jamais loin. Quel amateur ne s'est jamais trouvé en rade au bord d'une départementale ? Combien de charmants villages aurait-il ignoré sans les aléas mécaniques de son véhicule ? L'automobile ancienne rend fataliste. Et aventureux.

La conduire à Paris est un vrai bonheur à contretemps. Mais pour s'y adonner, il faut se conformer à cette règle, estimable entre toutes : privilégier le style au confort. Vaste et noble programme.

ALLEZ, EN ROUTE ! *

NOTRE MARCHAND PRÉFÉRÉ :

Christophe Pund
La Galerie des Damiers, Mont des Récollets, 59670 Cassel - 03 28 40 59 24

ET AUSSI :

L'Atelier 46
9, rue Paul-Napoléon Roinard, 92400 Courbevoie
01 56 05 46 46

Mécaniques Modernes et Classiques
136, boulevard Suchet, 75016 - 01 46 47 29 29

Avanti Motors
15, avenue Rapp, 75007 - 01 44 18 95 00

SANS OUBLIER, BIEN SÛR, LES VENTES AUX ENCHÈRES :

Bonhams (Me Jean-Christophe Giuseppi)
4, rue de la Paix, 75001 – 01 42 61 10 11

Artcurial (département Automobile)
7, rond-point des Champs-Élysées, 75008 Paris
01 42 99 20 56

Me Jean-Pierre Osenat
5, rue Royale, 77300 Fontainebleau
01 60 72 79 67

Chevau-légers Enchères (Me Gilles Chausselat)
6 bis, avenue de Sceaux, 78000 Versailles
01 39 50 58 08

* Historiquement, la plupart de ces adresses sont au-delà du Périphérique. Considérez cela comme un premier appel à tailler la route.

« Etre parisien, ce n'est ni une fonction, ni un état, ni un métier – et cependant c'est tout cela. C'est unique et c'est inestimable – et ce n'est d'ailleurs pas à vendre. On en est, ou on n'en est pas. Et ceux qui n'en sont pas se demandent chaque matin ce qu'ils pourraient bien faire pour en être – et ceux-là n'en seront jamais! Car, être de Paris, ce n'est ni une question de volonté, ni une question de fortune. Ce n'est même pas une question de valeur. C'est un indéfinissable mélange d'esprit, de goût, de snobisme, de jobardisme, de bravoure et d'amoralité. On ne doit pas savoir au juste pourquoi on en est – et l'on doit seulement savoir pourquoi les autres n'en sont pas. Un espagnol ne peut pas être londonien, un anglais ne peut pas être berlinois : un albanais peut être parisien. Car pour en être, il ne s'agit pas d'être né à Paris – ni même en France. Il faut autre chose. Il faut être adopté par tous, sans que personne en ait parlé. Il y a dans ces élections quelque chose d'assez mystérieux, une sorte d'entente secrète. On est naturalisé parisien, tout d'un coup, un beau soir. Oui, tous ces gens qui se haïssent, qui ne se quittent pas de l'année, qui échangent leurs femmes, leurs maîtresses et leurs amis, qui se regardent vieillir mais ne se voient pas changer, qui composent un véritable monde – je veux dire une véritable planète – avec ses mœurs, ses récréations, ses honneurs, son honneur et ses manies, oui, tous ces gens savent tomber d'accord, en un instant, quand il le faut. »

SACHA GUITRY
Mémoires d'un tricheur

CHANGER DE PARFUM A CHAQUE SAISON

« Cette langue sera de l'âme pour l'âme, résumant tout. »
Arthur Rimbaud

Franchement, vous y croyez, vous, aux coups de balancier du grégorien ? À l'infaillibilité des équinoxes et des solstices ? Au 20 mars qui sonne les trois coups du printemps ? Au 23 septembre qui sonne le glas de l'été ? Aux saisons de calendrier ? Jamais calées, un coup en retard, un coup en avance, vous savez bien qu'on ne peut pas s'y fier. Des frimas qui persistent, la tiédeur d'un ciel bleu roi qui s'entête, on en vient à poser nos propres repères.

Il en est un qui ne trompe pas. Vous vous réveillez un beau jour, filez recta sous la douche, écartez les rideaux et regardez les cieux : c'est maintenant. Plus de nuages, les zincs qui jettent des reflets d'argent, et en bas, dans la rue, plus un manteau. Alors ce matin, finis le musc, l'ambre, le cèdre et le cuir de Russie, voici venue l'heure de la fraîcheur, le retour en scène de la bergamote, des fleurs blanches et du jasmin. Remisés les flacons aux essences sombres et magnétiques, place à la transparence, à la clarté d'un matin hellène. Vous ne savez pas vraiment pourquoi, mais c'est ainsi, le printemps, pour vous, débute aujourd'hui. Les notes fleuries, légères ont repris le pouvoir, elles vous suivront quelques mois, le temps que durent les beaux jours. Vous vous sentez bien, l'âme sereine, dans un parfum d'air pur au goût de citron.

Et viendra un jour d'octobre, peut-être de novembre, où le froid glissant sous la porte apportera avec lui de nouvelles envies de confort, de chaleur parfumée, d'une présence forte et enveloppante. Reviendra alors le goût des capiteux, du benjoin et de l'encens. D'un sillage d'automne aux teintes empreintes de sous-bois, de chasse et de soirées à l'Opéra. Une nouvelle saison sera là.

PARFUMS RARES

LES BOUTIQUES OÙ L'ON SE SENT BIEN :

Jovoy
29, rue Danielle-Casanova, 75001 – 01 40 20 06 19

Un vrai coup de cœur pour cette boutique récente où l'accueil charmant et détendu s'unit à un véritable souci pédagogique. Distribution de belles marques, confidentielles et admirables (Rancé, L.T. Piver, Isabey, Parfum d'Empire...). Ateliers d'initiation aux parfums tous les samedis après-midi (150 € la demi-journée).

Marie-Antoinette
place, du Marché-Sainte-Catherine, 75004
01 42 71 25 07

De faux airs de bonbonnière écarlate pour une boutique charmante et discrète, distribuant en exclusivité de très beaux flacons (Frapin) et des marques anciennes aux parfums envoûtants (Robert Piguet, Lubin, Parfums d'Orsay...). Largement de quoi trouver chaussure à son nez.

ET AUSSI :

La Scent Room du Printemps
64, boulevard Haussmann, 75009 – 01 42 82 50 00

CES PARFUMEURS QUE NOUS AIMONS :

Maison Francis Kurkdjian
5, rue d'Alger, 75001 – 01 42 60 07 07

Très fortement inspiré par la capitale (sa micro-boutique propose une revisite des toits de Paris), Francis Kurkdjian est sans doute l'un des parfumeurs les plus doués de sa génération. D'une créativité extrême (bulles parfumées, lessives aux essences de parfum...), il propose des parfums fins et délicats pour tous les moments de la journée. De purs joyaux dans un délicieux flaconnage.

Frédéric Malle
21, rue du Mont-Thabor, 75001 – 01 42 22 16 89

Éditeur de parfums, Frédéric Malle propose dans ses boutiques (designées par Andrée Putman) des parfums rares, conçus par les plus grands nez de la parfumerie mondiale, auxquels il laisse une très grande liberté de création. Boutiques équipées de « colonnes à sentir », cabines permettant de respirer les effluves d'une fragrance tout autour de soi.

Serge Lutens
25, rue de Valois, 75001 – 01 49 27 09 09

Sous les arcades du Palais-Royal, dans ce qui est sans doute l'une des plus belles boutiques de Paris, Serge Lutens, créateur protéiforme et touche-à-tout de talent, propose une gamme de parfums au caractère très affirmé, mystérieux et envoûtant, et aux flacons d'une beauté incandescente.

Penhaligon's
209, rue Saint-Honoré, 75001 – 01 49 26 91 66

Amateurs de John Steed et du chic britannique, cette maison est pour vous. Créée à la fin du XIXe siècle, cette auguste institution chez qui Winston Churchill avait ses habitudes, décline, dans une boutique de barbier sans âge qui vaut à elle seule le déplacement, des parfums et des cologne classiques, robustes et distinguées.

L'Artisan Parfumeur
2, rue de l'Amiral-de-Coligny, 75001 – 01 44 88 27 50

C'est en 1976 que Jean Laporte fonde L'Artisan Parfumeur avec le projet de créer des parfums renouvelant le genre et mettant à l'honneur des matières premières naturelles (fleurs, fruits, épices). Très originaux, ces parfums laissent la part belle à l'inspiration artistique de leurs créateurs parmi lesquels figure Jean-Claude Ellena, « nez » d'Hermès. Jean Laporte a désormais quitté cette maison pour fonder Maître Parfumeur et Gantier.

ET AUSSI :

Santa Maria Novella (chez Amin Kader)
1, rue de la Paix, 75002 – 01 42 61 33 25

Parfums de Nicolaï
45, rue des Archives, 75003 – 01 48 87 05 19

Lubin
21, rue des Canettes, 75006 – 01 43 29 52 42

État Libre d'Orange
69, rue des Archives, 75003 – 01 42 78 30 09

UN SEXE POUR LES PARFUMS ?

Bon sang, mais ôtez-vous ça une bonne fois pour toutes de la caboche : les parfums pour homme, cela n'existe pas ! Un parfum est un parfum, point. Libre à vous de vouloir, à l'instar des Orientaux, vous parfumer de roses ou de choisir pour sortir un parfum baroque et poudré qui n'aurait pas dépareillé sur une cocotte du Second Empire. Une seule chose importe : essayer le parfum sur sa peau, vivre un peu avec lui et surtout l'assumer. En un mot, faire confiance à sa mémoire olfactive et à ses propres goûts.

OUVRIR LES HUÎTRES ENTRE AMIS

« Il était bien hardi, celui qui le premier mit une huître dans sa bouche. »
Jonathan Swift

« *Il ne faudrait pas trop tarder à ouvrir les huîtres, six douzaines, c'est du boulot !* » C'est le signal. Il n'en faut pas plus pour sonner la troupe et rameuter les bonnes volontés. Les garçons (ne cherchez pas, depuis l'Antiquité, ouvrir les huîtres c'est une affaire d'hommes) affluent alors dans la cuisine.

On se passe les couteaux d'écailler, de formes et de couleurs variables, pointus et effilés comme des dagues italiennes ou à large lame et au manche protégé d'une coque de sabreur ; chacun est armé, depuis toutes ces années que l'on passe les fêtes entre amis... On s'empare des torchons qui finiront trempés, salés et verdis, et on se presse autour de l'évier.

Il y en a toujours un pour suggérer : « *Et si on buvait un petit verre de blanc ?* » Un sancerre, un riesling sorti du frigo qui ne dormait que d'un œil en attendant l'occasion fera bien l'affaire. On sert les ballons, une première gorgée et on attaque. Chacun sa technique, par le milieu, par la charnière ; la pointe du couteau, triangulaire et solide, perce, pivote et tranche d'un coup sec l'amarre. La lame crisse, la coquille que l'on jette au fond de l'évier a un son de caillou. Au bout de quelques minutes, on se croirait à l'usine, une chaîne idéale, comme il n'en existe pas, où l'on travaille en devisant. On en goûte quelques-unes bien sûr, histoire de se rassurer sur le choix de ces Utah Beach hors de prix que le sancerre rend encore plus iodées, refilant leur petit goût de noisette comme un cadeau inattendu.

On est bien. Alors on parle du repas à venir, on anticipe mentalement le dîner dans une sorte d'apéro brouillon et bavard. Puis la conversation prend des détours, file en roue libre de verre en verre, de coquille en coquille.

Parfois une femme passe la tête : « *On ne s'embête pas ici !* » On se regarde alors, en se disant qu'elle aimerait sans doute qu'on lui serve un verre. Mais non. Pas tout de suite. Une fratrie s'est créée au bord de l'évier dans les vapeurs d'embruns et de torchons humides. C'est la fraternité des ouvreurs d'huîtres.

Et elle ne compte que des hommes.

LES ACHETER :

L'Écume Saint-Honoré
6 rue du Marché Saint-Honoré,
75001 – 01 42 61 93 87

Jean Quoniam
70 rue Monge, 75005
01 47 07 35 71

Pleine Mer
22 rue de Chabrol, 75010
01 53 34 64 47

Lacroix
44 rue Oberkampf, 75011
01 47 00 93 13

La Dame des huîtres (ATAO)
86 rue Lemercier, 75017
01 46 27 81 12 (dégustation sur place possible)

Crusta Poissons
63 rue Duhesme, 75018
01 46 06 78 41

LES DÉGUSTER :

Garnier
111 rue Saint-Lazare, 75008
01 43 87 50 40

L'Écailler du bistrot
22 rue Paul-Bert, 75011
01 43 72 76 77

La Cagouille
10 place Constantin-Brancusi,
75014 – 01 43 22 09 01

Prunier
16 avenue Victor-Hugo, 75016
01 44 17 35 85 (très cher, très beau)

L'Huîtrier
16 rue Saussier-Leroy, 75017
01 40 54 83 44

Rech
62 avenue des Ternes, 75017
01 45 72 29 47

Jarrasse
4 avenue de Madrid, Neuilly (92)
01 46 24 07 56

POUR MIEUX LES APPRÉCIER

Toujours vider la première eau, elle va se reconstituer dans l'huître par la suite. Ne jamais déposer les coquillages ouverts sur un lit de glace pilée, le froid anesthésierait leur goût, préférer quelques algues embarquées chez votre écailler. Pour l'assaisonnement, jamais de vinaigre dont la saveur est trop puissante, utilisez seulement du citron, parfois un tour de moulin à poivre. Et surtout : mâchez !

PATRICK ROGER

Chocolatier, Meilleur Ouvrier de France

EN TAILLE RÉELLE

En tout, j'aime la vitesse. Je vis à un rythme soutenu, pas de temps à perdre, trop de fulgurances, de projets, d'idées... Ceux qui me connaissent suivent le rythme et acceptent cette cadence que beaucoup d'autres jugent infernale. Tenez, même pour me déplacer, je n'utilise que ma moto, rapide, évidemment. Dans ma chocolaterie, c'est pareil : une idée, je l'exécute, dussé-je y passer la nuit. Je veux réaliser dans l'immédiat ce que j'ai projeté la seconde précédente. Mais ça ne veut nullement dire que je ne suis pas capable de prendre le temps de profiter de petits plaisirs. Bon, c'est vrai, chez moi, la contemplation dure peu, elle est fugace, mais terriblement intense. Mon petit plaisir parisien ? Une visite au musée Rodin, et tout particulièrement dans le jardin du musée. J'aime le parcourir à vive allure, m'arrêter, capter l'instant, l'essentiel, admirer les magnifiques expositions en taille réelle qui y sont proposées. J'essaye d'y aller régulièrement, car j'aime vraiment chacune de ces expositions temporaires, même si je n'y reste que peu de temps... six minutes me suffisent. Là aussi, il faut que ça aille vite ! Sauf si une douce pluie fine mouille le jardin, alors là, j'avoue, je me promène quelques minutes de plus...

VOIR PARIS COMME UN TABLEAU

Elle surgit au détour d'une rue, vibrante, inattendue, et on pose pied à terre. Une terrible impression de *déjà-vu*. Les murs se teintent de gouache, les cieux délavent leur lavis, les figures virent à la cire. Fumées de pastels, huiles sur toile impressionnistes, vernis sur les pavés, la géographie devient plane. C'est une évidence, Paris est un tableau.

Photos : Palais Garnier (Opéra), Notre-Dame, Gare du Nord, Grand Bassin et Jardin des Tuileries, Square du Vert-Galant, les Grands Boulevards et le Boulevard Haussmann.

LA PARTIE DE TENNIS EN PLEIN AIR

« On jouera donc pour le plaisir.
Nous allons voir ce que cela va donner. »
Kléber Haedens

L'envie commence à vous titiller dès les premiers bourgeons et la tiédeur du soleil revenue. En général, la perspective de Roland-Garros n'est plus très loin ; on navigue entre avril et mai, dans ces journées où, enfin dénudées, les chevilles féminines reprennent pied sur les trottoirs. On se dit qu'un peu de sport ne ferait pas de mal à ce corps alourdi par l'hiver, qui bientôt devra faire ses preuves au bord de l'eau. Alors on la sort de sa housse, on la soupèse, on vérifie sa tension de quelques petites frappes sur la paume, on réaligne le cordage dans un quadrillage impeccable, on la fait tourner d'un mouvement vif au creux de la main comme pour s'assurer de son obéissance : on est prêt.

Quelques coups de fil plus tard, un week-end dégagé, un déjeuner repoussé et c'est l'entrée en piste. Tout de blanc vêtu – vous vous êtes fixé cette règle incontournable comme une fidélité à l'esprit *British* de Wimbledon, le blanc, c'est sûr, ça a de la gueule –, on pénètre ce terrain déserté aux premiers frimas. La porte grillagée claque d'un bruit métallique et vibrant, attirant l'attention des promeneurs et des occupants du court voisin. Trois vagues mouvements d'échauffement, quelques petits sautillements pour réveiller les muscles endormis, puis on choisit son côté en prenant garde au soleil (quelle douce volupté que de glisser ses lunettes de soleil dans le sac des raquettes), à l'ombre des feuillages, et c'est la première balle.

On jouera ainsi quelques poignées de minutes, renouant avec un physique un peu à la peine, un peu perdu, aux mouvements encore approximatifs. Le souffle court, on ne se pressera pas entre les échanges pour ramasser les balles. Mais le réglage se fera peu à peu, la montée en régime, l'euphorie des balles puissantes au son mat si caractéristique reprendra ses droits et on se laissera prendre au jeu. Pour peu que l'air soit encore un peu frais, les rayons du soleil cléments et la brise tout juste caressante, on oubliera les doubles fautes, les balles dans le filet et les lobes trop longs pour garder au fond de soi, une fois rassis sur le banc, essoufflé, transpirant et assoiffé, le sentiment d'avoir vécu une heure de bonheur en baskets. Je veux dire, en *tennis*.

QUELQUES COURTS AGRÉABLES OÙ TAPER LA BALLE SOUS LES ARBRES :

COURTS DE LA MAIRIE DE PARIS (réservations sur **tennis.paris.fr**) :

Fonds des Princes
1, rue du Bois-de-Boulogne, 75016
01 46 51 17 53 (voisin de Roland-Garros)

Tennis du Luxembourg
3, rue Guynemer, 75006
01 43 25 79 18 (Faut-il encore le présenter ? Timides s'abstenir.)

Tennis Suzanne Lenglen
2, rue Louis-Armand, 75015
01 44 26 26 50

Tennis La Faluère
113, route de la Pyramide, 75012
01 43 74 40 93 (au cœur du bois de Vincennes)

Tennis Aurelle de Paladines
17, boulevard d'Aurelle-de-Paladines, 75017 – 01 46 24 27 36

COURTS PRIVÉS :

K'fé Court
86, boulevard Flandrin, 75016
01 44 05 11 70

(Un restaurant – qui vaut essentiellement par son cadre à l'anglaise – avec une grande terrasse et son court de tennis attenant.)

Tennis Club de Paris
15, avenue Félix-d'Hérelle, 75016
01 46 47 73 90

LA CÔTE DE BŒUF AU BBQ

« Et surtout mes enfants, faites simple. »
Auguste Escoffier

Ne cherchez pas, il n'y a pas d'explication logique ni scientifique. Pourtant, tous les ans c'est la même chose. Dès les premiers bourgeons, au retour du chant des oiseaux dans les marronniers et des jupes en soie rue Montorgueil, il se trouve toujours des amis de banlieue pour vous le proposer. « *Et si on se faisait un petit barbecue ce week-end ?* » Comment résister ? Vous avez tellement hâte de précipiter vos narines dans le parfum clair et vibrant du printemps, hâte de goûter aux vins frais, de renouer avec la simplicité. Le barbecue, c'est tout cela. L'annonce des jours meilleurs, la renaissance émouvante des terrasses et des jardins, le retour de la cuisine sans cuisine. Produit et cuisson, rien de plus.

La saison est ouverte ; l'été bientôt là. Ce n'est que le premier « BBQ » d'une longue série. Mais attention, il ne faut pas gâcher cette première fois. Pas question de saucisse, de merguez, ni même de brochette : le plat que l'on convoite pour cette inauguration ne pèse jamais moins d'1,5 kg, une belle côte de

bœuf, peut-être deux, voilà pour le menu imposé. Un peu d'huile, quelques herbes provençales, moulin à poivre et fleur de sel, rien d'autre. La côte de bœuf au barbecue ce n'est pas de la cuisine, c'est un miracle de la nature.

Une pièce de viande épaisse, animale, charnue, encore un peu sanguinolente dans son papier sulfurisé que l'on fera cuire sur des braises ardentes, longtemps, avec patience et envie. On l'écoute griller, fondre et recevoir en retour la fumée odorante qui en fera toute la saveur. Un couteau immense la découpera avec aisance, en épaisses tranches craquelées, virant du brun au rouge en gagnant le cœur. Les carnivores rassemblés lui feront un sort, plantant dans cette viande juteuse leurs bouches gourmandes, caressant de la pointe de leur fourchette ce gras opalescent qui les tente, goûtant avec bonheur la chair croquante de la surface marquée du gril. Jusqu'au dernier morceau. Et il se trouvera toujours un amateur sans scrupules pour racler l'os de son couteau Laguiole. Moi.

QUESTIONS SAIGNANTES À YVES-MARIE LE BOURDONNEC

(Boucher-Bohème à Asnières)

– Que demander à son boucher quand on veut manger une bonne côte de bœuf ?
Il est important de connaître la relation entre le boucher et son éleveur, car c'est de celle-ci que dépend avant tout la qualité de la viande. En effet, la maturation est l'un des critères essentiels et pour cela, la nourriture de l'animal durant sa vie est essentielle (pas de fourrage fermenté et une ration de céréales équilibrée). Ainsi, le boucher pourra maturer très longtemps son train de côtes, afin que le collagène se désagrège et que le gras contenu dans le muscle (marbré, persillé) se diffuse en parfums.

– Comment reconnaître une côte de bœuf de qualité ?
Elle doit exhaler des parfums de noisette, avoir une texture qui se tienne (pas molle), un gras sec couleur crème (elle n'a pas été sous vide). Elle doit pouvoir tenir sur la tranche avec l'os en haut sans se déformer et retomber mollement (la maturation est optimum). Pour la couleur, plutôt rouge foncé. Et enfin elle ne doit pas trop couler (un peu c'est normal).

– Quelles sont les races bovines les mieux adaptées à la côte de bœuf ?
En France, la Limousine, la Parthenaise ou l'Aubrac sur des femelles de 3 à 5 ans. On peut aussi trouver, mais c'est plus rare, des Normandes ou des Salers si elles ont été élevées pour la viande et non sur leurs qualités laitières pour les vaches, ou encore plus rare, sur des bœufs de 3 à 4 ans. Pour illustrer la rareté de ces derniers, il faut savoir que je n'en trouve qu'une dizaine par an par bouche à oreille en Normandie ou dans le Poitou. En France on consomme en viande rouge 90 % de vache. Éviter les exotiques Black-Angus américaines qui arrivent sous vide en conteneur réfrigéré à 1 °C (la maturation ne se fait pas et c'est gorgé d'eau).

– Quel poids par personne faut-il demander ?
Il faut compter de 300 à 400 g par personne, l'os ne doit peser que 250 g maxi. Exiger de son boucher que le dessus de côte (muscle allongé recouvrant le train de côtes souvent laissé pour être vendu au prix de la côte) soit déjà retiré.

– Quelle est l'épaisseur idéale ?
Ne pas dépasser 7 cm d'épaisseur pour réussir la cuisson.

– Comment la cuisiner au four ?
La marquer dans une poêle avec une huile neutre (pépin de raisin) très chaude, bien la croûter tout autour, saler et poivrer. Faire chauffer le four à 220 °C, l'enfourner jusqu'à ce qu'elle soit à 50 °C à cœur (vérifier avec une sonde), environ 15 à 20 minutes. La sortir du four, la déposer sur une assiette et la recouvrir d'une feuille de papier d'aluminium. Laisser reposer 15 minutes.

– Comment la cuisiner au barbecue ?
La marquer d'abord 1 minute de chaque côté, puis 2 minutes de chaque côté, puis 4 minutes de chaque côté. Saler et poivrer pendant la cuisson et laisser reposer ensuite dans le papier d'aluminium 15 minutes.

BOUCHERS DE HAUTE VOLÉE :

Boucherie Charcellay
263, rue Saint-Jacques, 75005 – 01 43 26 77 23

Boucherie Pascal Duciel
41, avenue de Saxe, 75007 – 01 47 34 88 20

Boucheries Nivernaises
99, rue du Faubourg-Saint-Honoré, 75008
01 43 59 11 02

Boucherie Michel
Marché Beauvau 3, place d'Aligre, 75012
01 43 40 62 58

Hugo Desnoyer
45, rue Boulard, 75014 – 01 45 40 76 67

Yves-Marie Le Bourdonnec
4, rue Maurice-Bokanowski, Asnières (92)
01 47 93 86 37

LES CARNIVORES AU RESTAURANT :

Robert et Louise
64, rue Vieille-du-Temple, 75003 – 01 42 78 55 89

La Maison de l'Aubrac
37, rue Marbeuf, 75008 – 01 43 59 05 14

Unico
15, rue Paul-Bert, 75011 – 01 43 67 68 08

Le Severo
16, rue des Plantes, 75014 – 01 40 44 73 09

OÙ MANGER QUOI À PARIS?

Paris dans l'assiette :
petit tour de la capitale en 25 plats emblématiques.

Le parmentier de queue de bœuf aux truffes
de Guy Martin au Grand Véfour
17, rue du Beaujolais, 75001
01 42 96 56 27

Le pot-au-feu
de La Tour de Montlhéry (Chez Denise)
5, rue des Prouvaires, 75001
01 42 36 21 82

Le club-sandwich
de L'hôtel Costes
239, rue Saint-Honoré, 75001
01 42 44 50 25

Le merlan 'Colbert'
de La Fontaine Gaillon
1, place Gaillon, 75002
01 47 42 63 22

Les frites
de Chez Georges
1, rue du Mail, 75002
01 42 60 07 11

Le poulet rôti
de L'Ami Louis
32, rue Vertbois, 75003
01 48 87 77 48

Le jarret-marmelade
de La brasserie de l'Île-Saint-Louis
55, quai de Bourbon, 75004
01 43 54 02 59

Le canard au sang
de La Tour d'Argent
15, quai de la Tournelle, 75005
01 43 54 23 31

Les cuisses de grenouille
du Moulin à Vent
20, rue des Fossés-Saint-Bernard, 75005
01 43 54 99 37

La salade de tétine de vache poêlée
du Ribouldingue
10, rue Saint-Julien-le-Pauvre, 75005
01 46 33 98 80

La salade 'César'
du Café de Flore
172, boulevard Saint-Germain, 75006
01 45 48 55 26

L'œuf mayonnaise
de La Closerie des Lilas
171, boulevard du Montparnasse, 75006
01 40 51 34 50

La blanquette de veau
des Charpentiers
10, rue Mabillon, 75006
01 43 26 30 05

Le pied de porc pané
du Comptoir du Relais
9, carrefour de l'Odéon, 75006
01 43 29 12 05

Le riz au lait
de L'Ami Jean
27, rue Malar, 75007
01 47 05 86 89

Les soufflés salés
de La Cigale Récamier
4, rue Récamier, 75007
01 45 48 86 58

Le lièvre à la royale
d'Éric Fréchon au Bristol
112, rue du Faubourg-Saint-Honoré, 75008
01 53 43 43 00

Le pigeon 'André Malraux'
de Lasserre
17, avenue Franklin-Roosevelt, 75008
01 43 59 02 13

La tête de veau
de Jean-Pierre Vigato chez Apicius
20, rue d'Artois, 75008
01 43 80 19 66

Le paris-brest
du bistrot Paul Bert
18, rue Paul-Bert, 75011
01 43 72 24 01

Le pâté en croûte
de Rodolphe Paquin au Repaire de Cartouche
8, boulevard des Filles du Calvaire, 75011
01 47 00 25 86

La sole meunière
du Duc
243, boulevard Raspail, 75014
01 43 20 96 30

Le turbot entier rôti
de La Grande Cascade
Allée de Longchamp, 75016
01 45 27 33 51

L'entrecôte et sa sauce
du Relais de Venise
271, boulevard Pereire, 75017
01 45 74 27 97

Le camembert rôti
du café Burq
6, rue Burq, 75018
01 42 52 81 27

(Après vous être assuré de la bonne saison – des truffes, du gibier, des saint-jacques, des champignons –, prenez tout de même la précaution, au moment de la réservation, de vérifier la présence du plat désiré au menu. Nous ne sommes malheureusement pas à l'abri du changement.)

où manger quoi ?

CAFE BURQ
LA FONTAINE GAILLON
EL COSTES
LE GRAND VEFOUR
LE JEU DU MAIL
L'AMI LOUIS
CHEZ DENISE
LE REPAIRE DE CARTOUCHE
LE CAFE DE FLORE
LES CHARPENTIERS
LE RIBOULDINGUE
BRASSERIE DE L'ILE ST-LOUIS
LE COMPTOIR DU RELAIS
LE BISTROT PAUL-BERT
LA TOUR D'ARGENT
LE MOULIN A VENT
LA CLOSERIE DES LILAS
LE DUC

GRAVURE ET PAPIER VERGÉ

« Sait-on ce que c'est qu'écrire ? Une ancienne et très vague mais jalouse pratique, dont gît le sens au mystère du cœur. »
Stéphane Mallarmé

Parfois, on aime à se glisser tout doucement dans les draps de l'anachronisme. Rentrer du bureau en marchant, écouter une pièce d'Offenbach à la lumière d'un piano droit, mettre un gilet de soie rouge, faire le coup de poing pour une question d'honneur, écrire une lettre.
Ah, ces délices déclinantes de la chose manuscrite ! Il en est un que l'on voudrait perpétuer, sauver du tout-à-l'égout de l'évolution des mœurs : le remerciement. Rentrer d'un week-end, d'une soirée, d'un déjeuner même, et, là, sur le vif de l'instant, la crête de l'émotion, écrire sa gratitude sur un petit mot. Non, pas un SMS (c'est toutefois un moindre mal), un vrai mot avec des lettres formées à l'encre d'un stylo plume, noire, bleu des mers du Sud ou violette. Une encre qu'on prend plaisir à faire glisser sur le papier vergé d'une belle carte de correspondance. Retrouver le bonheur déchu des lettres de château.
On les a longtemps attendues ces cartes aux larges bords sur lesquelles figurent comme en devanture un nom et une adresse couchés en lettres anglaises. On en a choisi l'épaisseur, la couleur (et pourquoi pas ce papier gris souris ?), l'agencement, les polices de caractères. On a validé la plaque gravée, replongé dans la fureur moderne et patienté. Fait le pied de grue en faisant mine de n'y plus penser. Un jour enfin les boîtes sont là, devant vous.
On défait le bolduc au chiffre du graveur, ouvre le couvercle et fait glisser le papier de soie pour découvrir la première carte.
On s'en saisit et c'est plus fort que tout : on ne peut s'empêcher de faire glisser le pouce sur le nom gravé, là, tout en haut, pour en sentir le relief. Il ne reste plus qu'à chercher la plume.
Tout le reste, alors, n'est que littérature.

QUELQUES GRAVEURS À L'ANCIENNE :

Acanthe (depuis 1911)
10, rue Croix-des-Petits-Champs, 75001
01 40 41 96 34

Agry (depuis 1825)
14, rue de Castiglione, 75001 – 01 42 60 65 10

Olivier de Sercey (depuis 1870)
96, rue du Bac, 75007 – 01 45 48 21 47

Cassegrain (depuis 1919)
422, rue Saint-Honoré, 75008 – 06 11 33 89 04

Stern (depuis 1836)
131, rue du Faubourg-Saint-Honoré, 75008
01 45 08 86 45

ET POUR VOUS PROCURER UN MAGNIFIQUE NAMIKI, ROLLS-ROYCE DU STYLO-PLUME JAPONAIS :

Plume et Bille
38, rue de l'Arcade, 75008 – 01 42 65 57 92

EMMANUEL RUBIN

Journaliste,
Rédacteur en chef de L'Optimum

LE TRAIN BLEU

Il paraît que pour aimer, il faut savoir quitter. À croire que de loin, à distance, on creuse le manque, les regrets et les fantasmes. Seulement voilà, comme souvent les hommes, je n'ai pas le talent des séparations. Avec Paris, pire encore ! J'ai régulièrement l'envie de la lâcher sans avoir le courage de l'abandonner. Du coup, je me planque sous l'invisible drap des doubles vies avec guère mieux de courage que de choisir les hasards des gares puisque celles-ci cultivent, dit-on, le génie du partir – revenir. Gare de Lyon, c'est encore mieux. Elle offre, en toute impunité, un escalier propice à tout bon adultère. Au bout des marches, sous un néon qui a sûrement connu le temps des claques, derrière de lourds rideaux blasés d'avoir si souvent été tirés, il y a le restaurant du Train Bleu. Monumental. Historique. Une salle large comme un quai. Des banquettes rangées comme des wagons Pullman. Sur les murs, au plafond, des peintures où le style pompier vire carrément pyromane dans ses excès à allumer les feux allégoriques du voyage. Au fond, des salons (le Tunisien et l'Algérien) qui semblent encore attendre leur lot de légionnaires. Et, à chaque table, des histoires, des mémoires, celle de Colette, celle de Gabin mais personne pour vous dire celle où Pétain avait ses habitudes. La 92 reste ma préférée. Lorsque Besson y tourna son *Nikita*, c'est ici que s'installa Anne Parillaud. On y a ce sentiment de dîner sur les genoux de l'actrice. Au Train Bleu, même les toilettes sont de la partie. « *On peut y pisser en regardant partir les trains* », avouait à leur propos, Dalí, qui, on le sait, avait aussi le génie des gares. Bien évidemment, les nourritures du creux de l'assiette, laborieusement cossues, se contentent de tenir la chandelle. Comme si elles savaient depuis toujours qu'on ne venait pas ici pour elles. Le Train Bleu figure mon lupanar ferroviaire. J'y trompe Paris en plein Paris dans des rêves de départ et dans le regard des passantes. Lâche mais fidèle.

LA TÊTE DANS LES NUAGES

« Les nuages sont de merveilleux infirmiers. »
Christian Bobin

Puisque parfois le présent nous pèse, que la loi de la gravitation semble universelle, qu'elle fait de nos corps des poids lourds, il faut savoir vivre le nez en l'air. Quitter l'immédiat et prendre un peu de hauteur. S'absorber un instant dans la course des nuages.

La plupart du temps, on ne s'en soucie pas. Ils sont là qui traînent en bande, filent à l'horizon en s'effilochant aux tours de Notre-Dame, tendent leurs écharpes blanches au-dessus de la Seine. Ils ont beau battre des records de vitesse ou s'immobiliser en grosses montgolfières, nul n'y prête attention. Alors, las de tant d'indifférence, les voilà qui manifestent, gonflent le torse en se teintant d'un gris d'acier, jettent des éclairs. C'est qu'il pourrait bien pleuvoir ! Ils menacent donc. Alors enfin le commun s'avise de leur existence. Triste histoire. Car ce que le commun ignore, ou néglige, c'est que Paris *est* une ville lumière. On y trouve en tout temps des cieux improbables, confondants de beauté, désarmants de violence. Lumineux.

Alors oui, il faut lever les yeux. Il faut aimer les nuages. Aimer leurs formes vaporeuses aux contours de chantilly. Laisser les gris perle se fondre dans le blanc des pudeurs virginales, sur un fond bleu ciel. Vivre la tête dans un tableau de Constable.

OÙ SE METTRE LE NEZ AU VENT ?

Les nuages sont affaire de nature. On privilégiera donc les parcs et les fleuves, les jardins où, assis sur un banc, l'on a immanquablement le réflexe de renverser la tête et de lever les yeux. C'est aussi une affaire de saisons. De ciels changeants, d'averses soudaines et de nuages crevés par l'orage. Suprématie du printemps et de l'automne sur le ciel uniformément blanc de l'été et ennuyeusement fumeux de l'hiver.

Pour les trouver, on recherche ces endroits où la ville est plate, où les perspectives s'écrasent sur l'horizon. Rien ne vaut pour moi le ciel mouvant au-dessus de la place de la Concorde, glissant vers les Tuileries. Mais il suffit parfois d'une percée. Une rue même étroite où le ciel bleu et dur fait un couvercle dans lequel se coule la trace subite d'une nuée.

L'important c'est de garder le nez en l'air. De ne rien oublier de l'immensité céleste. Comme un rappel permanent à la beauté.

DE L'EAU DANS MON WHISKY

« J'ai connu une Polonaise qu'en prenait au p'tit déjeuner. Faut quand même admettre : c'est plutôt une boisson d'homme… »
Michel Audiard (*Les Tontons Flingueurs*)

On ne se méfie jamais assez des discussions qui se prolongent. Elles vous emmènent vers des destinations lointaines et souvent inattendues. On a délaissé la table de la salle à manger où des restes de gâteau traînent leur ennui nocturne entre les serviettes de table chiffonnées. On ne veut pas se séparer, non, pas tout de suite ; on veut juste trouver une position plus confortable, allonger les jambes et poursuivre la conversation. Alors on fait glisser la molette de iPod jusqu'à ses pistes les plus calmes et on ouvre le bar. C'est le moment des alcools forts et de la tisanière.

Ces vieux whiskys que l'on cajole et qui ne montrent leurs museaux cuivrés qu'après minuit. Des noms aux exotismes septentrionaux (Laphroaig, Balvenie, Talisker…), des étiquettes comme des cartons d'invitation, et au fond, une eau-de-vie qui danse dans des reflets dorés. Un trait dans chaque verre (à cognac, c'est comme cela que j'aime le boire) et l'on sent déjà monter aux narines les effluves des landes, de la terre de bruyère et des fumées grises. On fait tourner un peu le liquide et d'autres parfums apparaissent. Une larme d'eau minérale pour décupler les arômes, puis on s'y risque enfin, à petites gorgées.

La première vous envahit la bouche comme une charge des *Scots Guards*. Les parfums s'y répandent et dans un goût puissant et tourbé, c'est toute l'Écosse qui débarque : les bottes humides, les murs de pierre, les vallées et les lacs, les vieilles tours encaissées, l'iode des îles et la chasse à la *grouse*. On ne parle plus. On est ailleurs, tous ensemble, transportés loin d'ici.
C'est bête, on n'a pas pris de parapluie.

POUR DÉNICHER LES MEILLEURS SINGLE MALTS :

La Maison du Whisky
20, rue d'Anjou, 75008 – 01 42 65 03 16

Caves Augé
116, boulevard Haussmann, 75008 – 01 45 22 16 97

Caves de Courcelles
206 bis, rue de Courcelles, 75017 – 01 47 64 97 79

JUSTE UNE GOUTTE S'IL VOUS PLAÎT…

Balvenie
12 ans d'âge – Distillé dans des alambics ayant plus d'un siècle et vieilli en fût de sherry, rond et doux.

Lagavulin
16 ans d'âge – Très tourbé, s'accorde magnifiquement avec un havane.

Springbank
15 ans d'âge – Issu d'une des dernières distilleries familiales ; puissant et très parfumé.

Talisker
10 ans d'âge – Seul whisky de l'île de Skye, aux notes marines, marqué par l'iode des embruns.

LA BRETELLE DU SOUTIEN-GORGE AU RESTAURANT

« L'amour violent ne peut subsister qu'avec une imagination ardente et vaste. »
Stendhal

Il me faut absolument penser à autre chose. Vite. Je fais des efforts démesurés pour ne rien laisser paraître, mais je sens que tous mes gestes, mes regards me trahissent. Tout avait pourtant fort bien commencé ; le déjeuner s'annonçait baigné d'insouciance, professionnel mais pas trop, un premier rendez-vous, une prise de contact pour d'éventuels lendemains d'affaires. Elle avait délicatement posé son corps en face de moi, de l'autre côté de la nappe. Une jeune femme sans charme particulier, de grands yeux cernés de charbon, le nez un peu fort, un air à sortir d'une opérette, le sourire appuyé, trop facile. Une jupe jetée sur de longues bottes fauve, un petit haut de maille convenablement échancré, sans provocation, dégageant toutefois assez largement les épaules pour mettre en valeur une poitrine menue. Les entrées de saison avaient fini leurs jours dans le tourbillon des présentations mutuelles, CV abrégés, enjolivés et maintes fois mis en scène. La routine des déjeuners d'affaires. Rien de personnel, des expériences, des jobs, une fonction.

Le serveur à moustache – de belles bacchantes de majordome anglais – avait déposé sur la table les plats de résistance. Je détachais tranquillement les chairs du cabillaud ; elle découpait au Laguiole son quasi de veau. Le monde à l'envers, tel qu'il va à Paris. C'est pendant qu'elle me

détaillait le profil de ses plus gros clients qu'elle était apparue. Cette garce ! Là, juste sur sa clavicule, à la lisière de son épaule trop pâle, la bretelle de son soutien-gorge. Un cordon improbable, inattendu, astiquant sa dentelle à même la peau, à la vue de tous.

Et me voilà maintenant embarqué – si facilement – par ce petit bout de chiffon bleu pâle. Impossible d'en détacher mes yeux. Quoi que je fasse, ils ne cessent de subir l'attraction absurde de cette présence incongrue. Je l'écoute à peine. Troublé, j'opine de temps à autre et la laisse dévider le fil de ses dossiers. Ma concentration s'effiloche aussi vite que se vide mon verre de Pouilly.

C'est un émoi délicieux qui me fait tourner la tête ; délicieux parce que imprévu. Mon regard flâne, passe du brin de tissu innocemment provocant à ses cheveux longs caressant sa nuque. Et c'est tout le déjeuner qui prend la tangente. Juste un petit détail, certes, mais le genre de détail qui balance sur la nappe une violente bouffée de volupté latente. J'avale une bouchée de poisson tiède ; elle me paraît soudainement désirable. Une femme. Un corps. Je pose les yeux sur ses mains, ses fins poignets, et inexorablement remonte le long de ses bras nus vers l'épaule et l'origine de mon désarroi. Je me sens un peu ridicule et pourtant...

SE FAIRE TAILLER UN COSTUME

« Mais la mode, dis-tu ? Là, je te mets tout de suite en garde. Lance-la si tu peux mais ne la suis jamais. Tu ne dois pas être à la mode. Le vrai Parisien, c'est celui qui est en retard de quinze ans sur elle – ou en avance de quinze jours. »
Sacha Guitry

On peut essayer de croire que cela n'a pas d'importance. Que l'on se moque de sa mise comme de l'an 40. Que l'important est ailleurs, bien loin des apparences. Certes. Mais puisqu'il faut bien se vêtir, pourquoi ne pas le faire avec style ? Philippe Noiret l'avait bien compris, qui remarquait avec malice que « *la vie étant courte* » mieux valait « *faire le voyage en première classe.* » Et donc, *avec* classe. Car afficher sa personnalité et son goût à travers un costume est une forme de liberté, d'indépendance. Opter pour la beauté et l'élégance, une ultime politesse.

Fort de cette petite philosophie à tête d'épingle, vous poussez la porte de l'échoppe de celui que vous avez choisi pour devenir « *votre* » tailleur. Un choix difficile, que l'on veut objectif mais qui, au final, se décide sur un sourire, une remarque aimable, la compétence estimée au doigt mouillé et surtout l'allure des costumes attendant sur cintres la visite de leurs futurs propriétaires. Et justement, vous êtes désormais l'un d'eux, rappliquant au trot pour le premier essayage, le ventre un peu serré et les yeux aux aguets. À quoi ressemblera ce costume dont vous avez choisi l'étoffe bleu marine sur un échantillon à peine plus gros qu'un carnet Moleskine et défini les formes par pur arbitraire ? Deux boutons, col étroit, poche-ticket, doublure rouge...

On vous l'apporte ; cabine d'essayage, retour au miroir. La voilà donc cette pièce unique, ce vêtement qui est votre reflet, un état d'esprit, une carte de visite. La surprise dès la veste enfilée : elle est tellement bien ajustée que vous ne la sentez pas. Rien ne pèse sur vos épaules, rien ne tire sur vos muscles, ce costume est une chimère, une illusion de laine. Le tissu a la souplesse et la douceur d'un voile de Salomé ; il tombe impeccablement, sans le moindre pli. Vous ouvrez la veste, faites flamber la doublure écarlate, comptez les poches intérieures, remarquez avec délectation cette petite fente, une cachette dont vous seul connaissez l'existence. Le plaisir secret du sur-mesure.

On dit que le diable se niche dans les détails. Souvent le bonheur aussi.

Tailleur

MESURE INDUSTRIELLE ? DEMI-MESURE ? PETITE MESURE ? GRANDE MESURE ?

Difficile de démêler les fils de ces appellations plus ou moins reconnues, les tailleurs ayant eux-mêmes une fâcheuse tendance à brouiller les cartes et à entretenir le flou sur leurs différences. Alors comment s'y retrouver en débarquant pour la première fois dans le pêle-mêle des épingles et du mètre-ruban ?

Simplifions le débat. Et ne distinguons de fait que la *Grande Mesure* (la vraie, le summum de l'élégance à prix cousus d'or) et la *Demi-Mesure* (le costume dit, par abus de langage, « sur mesure », le plus courant), les autres différences relevant de la qualité des matières et du façonnage. Ainsi donc, la Grande Mesure consiste à réaliser à la main un patron unique, spécifiquement adapté à votre morphologie, se distinguant en cela de la Demi-Mesure permettant uniquement (et c'est déjà beaucoup) l'ajustement à vos mensurations d'un patronage existant.

Détaillons les étapes devant vous mener un jour dans le saint des saints.

Vous ferez vos premiers pas dans le « sur-mesure » avec la Demi-Mesure, dite « industrielle ». On adaptera ici un patronage standard à vos mensurations, avec plus ou moins d'« options » (nombre de poches, type de col, boutons, doublure...) et en utilisant des tissus allant du bas au moyen de gamme. La qualité du produit fini et des finitions dépendront grandement du savoir-faire de votre fabriquant et, bien évidemment, du prix consenti. De manière générale, la prise de mesure dans ce type d'établissement est faite par un vendeur qui n'est quasiment jamais un tailleur. C'est donc dans cette catégorie qu'il faut être le plus vigilant dans la sélection de sa boutique. Il faut compter entre 300 € et 700 € pour la confection d'un costume.

Ayant goûté au plaisir du vêtement ajusté, vous aurez sans doute envie de pousser un peu plus loin le curseur de vos exigences et passerez logiquement à la Demi-Mesure artisanale (ou *Petite Mesure*). Il s'agit là encore de l'adaptation d'un patronage existant mais avec un choix plus large de patrons, de tissus de meilleure qualité et de finitions possibles (souvent faites à la main). Ici, un vrai tailleur s'occupera de vous et multipliera les points de mesure et les remarques d'expérience liées à votre maintien. Comptez entre 700 € et 2 000 € pour un costume.

Et enfin, si vos goûts et vos moyens vous y portent, vous pourrez passer la porte d'un tailleur de Grande Mesure où, par définition, tout vous sera permis. Il vous en coûtera néanmoins, au bas mot, 3 000 € (ouille !).

Bien évidemment ces frontières ne sont pas aussi étanches qu'une veste de Barbour et certains tailleurs proposent Petite et Grande Mesure à leurs clients.

LA VÉRITÉ EST TAILLEUR...

DEMI-MESURE INDUSTRIELLE :

Samson
16, boulevard Raspail, 75007
01 45 48 80 65

Gambler (Didier Azoulay)
4, rue de l'Arcade, 75008
01 42 65 41 49

Handson
14, rue Chauveau-Lagarde, 75008
01 42 68 01 28

Wicket
61, boulevard Malesherbes, 75008
01 42 94 19 78

Smuggler
11, avenue Mozart, 75016
01 45 24 65 58

Torcello
134, rue Cardinet, 75017
01 43 80 35 36

DEMI-MESURE ARTISANALE, OU PETITE MESURE :

Michael Ohnona
1, rue de Marivaux, 75002
Pas de téléphone

David Diagne
58, rue des Mathurins, 75008
01 44 56 97 88

Kees Van Beers
44, rue Laffitte, 75009
01 44 63 02 15

Julien Scavini
06 14 90 17 45 (sur rendez-vous)

Antoine Jaeger
06 59 97 86 60 (sur rendez-vous)

GRANDE MESURE :

Marc Di Fiore
29, rue de Tournon, 75006
01 43 54 67 95

Arnys
14, rue de Sèvres, 75007
01 45 48 76 99

Pape
4, avenue Rapp, 75007
01 47 53 04 05

Cifonelli
33, rue Marbeuf, 75008
01 43 59 39 13

Camps de Lucas
11, place de la Madeleine, 75008
01 42 65 42 15

Djay
9, rue du Chevalier-de-Saint-Georges, 75008 – 01 45 61 99 02

PRÉPARER LE REPAS DU DIMANCHE

« Cuisiner suppose une tête légère, un esprit généreux et un cœur large. »

Paul Gauguin

On s'y met toujours trop tard, mais c'est sans importance. Le temps s'écoule plus lentement le dimanche matin. C'est pour cela sans doute qu'on choisit une musique paresseuse : Chet Baker et sa trompette de vieux chat de gouttière. On s'est levé un peu plus tard, les enfants traînent encore en pyjama dans le salon. Dans le réfrigérateur, sur la table de la cuisine, les achats du marché : légumes de saison de ce maraîcher du Perche que l'on affectionne, quelques asperges de Sologne, et deux beaux poissons pour le déjeuner, du bar de ligne, frais pêché du Cotentin, que le poissonnier vend au prix de l'or. Ce n'est pas grave, après tout, ce n'est pas tous les jours dimanche. Et aujourd'hui, habitude dominicale, c'est Papa qui file en cuisine.

Vous voilà donc penché sur le plan de travail, Chet Baker murmure son *time after time* en sourdine, les ingrédients étalés en nature morte. C'est le premier plaisir, celui de l'inventaire, où tout est là, à portée de main, aliments, épices, ustensiles. On ne fera rien de trop sophistiqué, on n'est pas là pour épater les convives d'un soir mais pour nourrir avec bonheur, sans effets de manche, sa petite famille. Les saisons dictent leurs incontournables : plats mijotés en hiver, pot-au-feu-bœuf-bourguignon-blanquette, grillades et poissons en été, poulet-rôti-tomates-mozzarella-petits-rougets. Parfois, malgré tout, le temps presse. On assaisonne alors quelques pâtes de petits riens (pointes d'asperges, petits pois, artichauts...) et le bonheur se glisse dans l'assiette en moins de dix minutes.

Aujourd'hui on se sent l'âme maritime, on fera donc rôtir ces poissons, doucement déposés sur un lit de légumes croquants, enivrés de vapeurs citronnées. Souvent un enfant pousse la porte, il veut regarder, apprendre, aider. La cuisine du dimanche c'est aussi l'école du goût.
Ce qu'on aime, dans cette pièce reculée, ce refuge de bois, de faïence et de laque, c'est la petite évasion, celle où les pensées se dissolvent dans les gestes, tout occupé que l'on est à concocter un bon petit plat. Plus de soucis, plus d'obligations, rien que le temps présent, les parfums et les saveurs, la vie colorée et tendre d'une recette du dimanche. Un temps ralenti, empli d'odeurs et de souvenirs, du goût de la cuisine généreuse des grands-parents, celle qui nourrit les familles de son affection, un truc ancestral et douillet qui ne s'explique pas.

Alors on prend son temps. Quelle importance si l'on passe à table à 13h30 ? On ira se promener plus tard, on réduira la sieste des plus petits, on choisira une séance de cinéma à l'heure du thé ou on se laissera doucement couler vers la fin de l'après-midi autour d'un livre et d'un jeu de société. Arrivera alors le soir, et la semaine déjà là qui pointe son nez. Le temps reprenant sa course qui vous précipite vers la nuit.

C'est vrai, demain, c'est déjà lundi.

RECETTES DU DIMANCHE, VITE FAIT, BIEN FAIT

Pour un dimanche d'hiver :

BLANQUETTE DE VEAU À MA FAÇON

Acheter du sauté de veau et le réserver à température ambiante. Découper deux carottes en rondelles, et émincer une grosse poignée de champignons de Paris. Dans une cocotte en fonte, faire revenir un oignon et deux gousses d'ail grossièrement découpés dans un mélange de beurre et d'huile d'olive, jusqu'à ce que l'oignon devienne translucide. Mettre le veau dans la cocotte et le remuer jusqu'à ce que tous les morceaux aient bien blanchi. Ajouter un demi-cube de bouillon de poule émietté. Poivrer et saupoudrer de quelques graines de cumin. Couvrir à niveau d'un mélange 2/3 de vin blanc, 1/3 d'eau. Ajouter les carottes et les champignons. Refermer la cocotte et faire cuire à feu moyen, pendant une heure et demie environ, en remuant régulièrement. Une fois la viande cuite et moelleuse, faire épaissir la sauce. Pour cela, diluer dans un bol avec un peu d'eau froide une cuillerée à soupe de Maïzena. Ajouter dans le bol une louche de bouillon chaud de la cocotte, mélanger puis reverser le tout dans la cocotte. Mélanger l'ensemble avec la viande en ajoutant deux cuillerées à soupe de crème fraîche. Prolonger la cuisson encore 5 minutes, le temps que la sauce prenne la bonne consistance (au besoin, répétez l'opération « Maïzena »). Servir directement dans la cocotte et accompagner de riz ou de pâtes « accrochant » bien la sauce comme des *pipe rigate* ou des *rigatoni*.

Ingrédients

Du sauté de veau de bonne qualité, deux carottes, une poignée de champignons de Paris, un oignon, deux gousses d'ail, des graines de cumin entières, une bouteille de vin blanc, un demi-cube de bouillon de poule, Maïzena, deux cuillerées à soupe de crème fraîche, poivre, beurre, huile d'olive.

Pour un dimanche d'été :

POULET AU CITRON ET À LA CORIANDRE

Choisir un beau poulet fermier, le réserver à température ambiante. Préchauffer le four à 180 °C. Découper un citron en quatre morceaux. Garnir l'intérieur du poulet avec deux d'entre eux, puis y ajouter quelques morceaux de gingembre et un bouquet de coriandre fraîche. Mettre de côté quelques branches de coriandre. Dans un plat allant au four verser deux verres de vin blanc, un oignon découpé en morceaux grossiers, deux gousses d'ail en tout petits morceaux. Y déposer le poulet. L'arroser copieusement du jus du dernier citron. Entailler les pilons de deux petits coups de couteau sur les flancs. Déposer quelques noisettes de beurre sur les cuisses et le blanc du poulet. Saler et poivrer. Glisser au four et laisser cuire pendant deux bonnes heures à 180 °C (c'est le secret pour garder une viande tendre, cuire longtemps à basse température) en arrosant régulièrement. Servir avec quelques feuilles de coriandre grossièrement hachées.

Ingrédients

Un poulet fermier, deux citrons bio, un bouquet de coriandre, un petit bâtonnet de gingembre, deux gousses d'ail, un oignon, deux verres de vin blanc, sel, poivre, beurre.

CHARLES DANTZIG

Écrivain

MON PLAISIR PARISIEN

Si, aux beaux jours, dans le jardin des Tuileries, vous voyez dépasser d'un fauteuil bas de longues jambes posées sur le rebord du grand bassin, et, faisant écran au visage, un livre ou un journal, il y a de fortes chances que ce soit moi. J'aime aussi le bassin du Palais-Royal, mais des tentations m'y distraient. Une librairie. Quelques maisons de vêtements. Le souvenir des écrivains qui ont habité l'endroit ou y ont situé un roman et à qui je viens de m'adjoindre, plusieurs scènes de mon dernier livre se passant au Nemours, le café tout proche. Distrait, j'y donne donc des rendez-vous. «*Si on se retrouvait au jardin du Palais-Royal ?*» Le grand bassin des Tuileries, c'est l'abstraction et ma solitude. Je me place dos à la rue de Rivoli. Le bassin, grand, avec son maigre jet d'eau, le grand ciel de Paris, aucun monument ou presque à ma vue, il n'y a guère que les petits bateaux des enfants pour me distraire un instant en me faisant rêver à des tableaux 1880. À part eux, pas d'images. La lecture et moi sans moi. Ah ! c'est le soir, n'est-ce pas. Comme j'aurais aimé l'heure d'été, quand le soleil, en mourant...

OFFRIR UN BIJOU À UNE JOLIE FEMME

« À chaque mouvement on entendait les clochettes d'argent de ses poignets. »
Serge Gainsbourg

Offrir un bijou à une jolie femme, c'est du plaisir par anticipation. On imagine sa surprise, son sourire, l'émotion contenue, ses doigts tirant sur le bolduc de la petite boite sombre que vous avez fait glisser négligemment vers elle sur la table du restaurant. On pense à son regard qui s'illumine, l'essayage immédiat. Puis le délicat baiser de la gratitude.

Alors on est là, on se promène dans les allées d'un grand magasin, passant de vitrine en vitrine. On suit les éclats d'or et d'argent, délaissant la fantaisie du plastique et l'originalité du cristal. On snobe le grandiloquent, dédaigne le clinquant. Un collier ? Ras du cou ? Une chaîne légère qui ferait à son cou comme un ruban, la base gracieuse d'une nuque élancée, glissant son petit bijou dans le creux de Vénus. Ou un sautoir ? Des sphères, des perles, des cubes ou un long fil d'argent descendant des épaules au ventre en plusieurs tours successifs, comme un petit grain de folie des années vingt.

Une bague ? Des pierres rares, précieuses ? Un solitaire ? Ce n'est pas non plus « La » grande occasion. Un bracelet ? Oui, un bracelet. On n'y pense jamais. Décorer ses poignets, les orner d'attributs vibrants et sonores. On pense alors à ses attaches fines, si féminines, signes de distinction et d'élégance. Le voilà, ce large bracelet d'argent poli qui lui donnera sous le soleil des airs de déesse grecque. Un peu de nacre, des reflets mats, un bijou

de saison qui resplendira sur le fond de sa peau bronzée. Plaisir de l'imaginer telle qu'on la rêve.

On pourrait aussi choisir l'atmosphère feutrée d'un joaillier de la place, sentant bon les fleurs coupées, les conversations à voix basse et la moquette soyeuse. Se faire apporter les pièces sur un plateau. Se délecter de la main fine et gantée de blanc qui vous les présente, demander à la jeune fille au bout de ce bras cuivré d'essayer le bijou pour vous. Se dire qu'il lui va bien, penser qu'il lui ira bien. Regarder une dernière fois le prix et se dire que cela n'a pas beaucoup d'importance. On finit toujours par dépenser plus que de raison, c'est la loi du genre. Mais qui, en cette matière, parle de raison ?

LOIN DE L'ORDINAIRE, CES BIJOUX QU'ELLES VÉNÈRENT :

Aurélie Bidermann
Chez Colette – 213, rue Saint-Honoré, 75001
01 55 35 33 90

Philippe Tournaire
7, place Vendôme, Cour Vendôme, 75001
01 40 20 00 19

Delfina Delettrez
Chez Podium – 334, rue Saint-Honoré, 75001
09 64 07 46 57

Lorenz Bäumer
4, place Vendôme, 75001
01 42 86 99 33

Dinh Van
16, rue de la Paix, 75002
01 42 61 74 49

Anne Defromont
6, passage du Grand-Cerf, 75002
01 40 26 70 92

Ela Stone
79, rue des Saints-Pères, 75006
01 45 48 02 54

Ginette NY
Au Bon Marché – 24, rue de Sèvres, 75007
01 44 39 80 00

Pomellato
66, rue du Faubourg Saint-Honoré, 75008
01 42 65 62 07

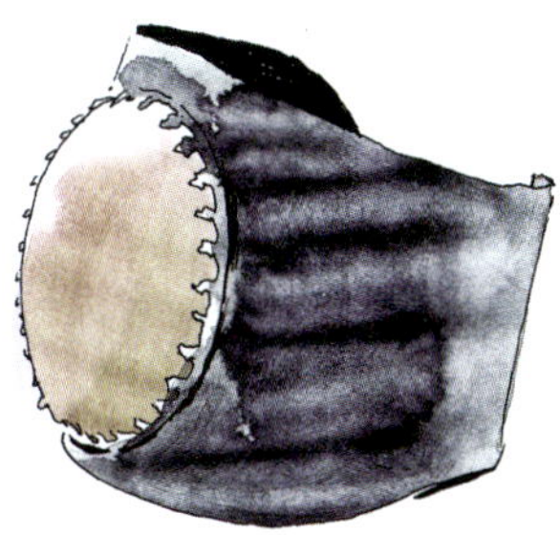

MARCHER DANS PARIS

« Se perdre… Rêve des enfants, des amoureux, des mystiques, rêve inaccessible à ceux qui voyagent avec des billets de chemin de fer et avec des billets de banque. »
Paul Morand

Paris est la ville des disparus volontaires : s'y perdre est une vocation. Un ravissement sans cesse renouvelé ; un privilège non aboli, réservé à qui sait s'y prendre. Et ce n'est pas bien difficile. Chaque saison, chaque heure du jour et de la nuit, chaque état d'esprit offre ses ruelles étroites, ses recoins oubliés et ses avenues larges comme des cimetières où prendre le large. Paris, ville de piétons, succession de villages, enchevêtrement de paysages où les siècles s'empilent. Y flâner est un voyage. De ceux qui ne coûtent que le temps que l'on y consacre.

Il y en a pour toutes les humeurs, nostalgiques, aventureuses, modernistes, botaniques, industrielles. Des façades à mémoires de l'île Saint-Louis jusqu'au pont de l'Europe surplombant les rails brumeux de Saint-Lazare, en passant par les allées cavalières des jardins de Bagatelle et la vie *Bollywood* de la rue du Faubourg-Saint-Denis, il est si facile d'y trouver le miroir de son âme.

Une ville ne se donne vraiment qu'aux passants, au piéton qui prendra le temps de lui courir après. Sur les quais, dans ses jardins et ses parcs, à l'ombre de ses pierres de taille, dans le tumulte de ses marchés ou le calme de ses cimetières, aux abords de ses voies ferrées et sur les pentes de ses collines, elle se donne à celui dont les pas rythment les battements de son cœur. À celui dont les yeux sont patients et curieux.

On peut s'y promener seul ou à deux, rarement plus, ou alors avec quelques étrangers, visiteurs de bonne composition. La ville se déploie alors au rythme de nos pas, déroulant

son tapis sombre et ses façades blêmes, glissant le long du fleuve épais comme une soupe paysanne.

On aura pris soin de choisir un point de départ (lui seul suffit, la destination doit se découvrir d'elle-même et rester une aventure), on aura placé dans sa poche un vieux plan aux pliures marquées ou un Smartphone et ses cartes embarquées, mais on ne sacrifiera rien aux usages du randonneur (pitié, pas de chaussures de marche...) et on voyagera léger : pas de sac à dos, juste un peu de monnaie au creux des poches pour se désaltérer, un parapluie par temps incertain et un appareil photo pour les passionnés. Partir sans but et sans délai. Partir pour une heure et rentrer au petit matin, se laisser emporter par la ville en ses quartiers et n'y opposer aucune résistance. Prendre son temps.

Car la promenade est un art. On ne le dira jamais assez. Il se perd et c'est dommage. Alors certains luttent.
J'en suis.

PROMENADES PARISIENNES

« A Paris, on peut perdre son temps de façon tout à fait délicieuse ; mais on ne peut jamais perdre son chemin »
Oscar Wilde

1. Jardins du Palais-Royal (1er)
2. Jardin des Tuileries (1er)
3. Quais de l'Ile Saint Louis (4ème)
4. Village Saint-Paul (4ème)
5. Antiquaires du Carré Rive Gauche (6ème et 7ème)
6. Verger et ruches du Jardin du Luxembourg (6ème)
7. Invalides et avenue de Breteuil (7ème)
8. Passages du 9ème
9. Musée de la Vie Romantique (9ème)
10. Canal Saint-Martin (10ème)
11. Chinatown (13ème)
12. Cité des Fleurs (13ème)
13. Cité Universitaire (14ème)
14. Cloître de l'ancienne Abbaye de Port-Royal (Hôpital Cochin 14ème)
15. Jardin du Panthéon Bouddhique du Musée Guimet (16ème)
16. Parc de Bagatelle (16ème)
17. Montmartre et avenue Junot (18ème)
18. Cimetière du Père Lachaise (20ème)

LE
QUE
17
9
DEAU
ARTRE
10
18
JAMES DOUGLAS MORRISON
1943 – 1971
ΚΑΤΑ ΤΟΝ ΔΑΙΜΟΝΑ ΕΑΥΤΟΥ
1
3
4
14
VILLA
DES
GLYCINES
12
11

DÉJEUNER SEUL

« Le bonheur est un exercice solitaire. »
Jean Anouilh

En été, bien sûr, on choisira un coin ombragé, à l'air libre, un peu à l'écart des bruits de fourchettes ; l'automne nous ramènera invariablement dans un de ces bistrots à la clientèle immuable où l'on prend si facilement ses aises. Mais ne vous y trompez pas. Déjeuner seul ne s'improvise pas. L'exercice requiert un peu de préparation et autant d'application. Pas question de se jeter sur le premier fast-food qui passe, de se précipiter sur le bar-tabac du coin de la rue (encore que) ou le nouveau-resto-concept-bio à la mode, prisé des magazines féminins. Il faut de la chaleur, de la vie alentour mais une vie qui s'écoule lentement, avec mesure et discrétion. Une activité un peu brumeuse que l'on sent en arrière-plan et qui ne s'impose vraiment à vous qu'avec le sourire de la serveuse venue prendre la commande.

Parce que aujourd'hui, vous déjeunez en solitaire. Ce n'est pas une punition, non, bien au contraire, c'est un plaisir égoïste, celui de se retrouver enfin seul, loin du monde, dispensé de conversation, en tête à tête avec un bon livre. On aura donc pris soin de mettre dans la poche de sa veste en partant un roman au format étudié ou un recueil de poésie pour les jours alanguis. Surtout pas de journal, car on veut quitter pour un temps les trépidations de l'actualité. Après, tout est bon, polar, grand classique, roman d'aventures ou sentimental... On renoncera juste aux reliures fragiles, car on sait d'avance les supplices qu'elles devront endurer, tenant le livre d'une main, le pouce pressant fermement la jointure des pages pour le maintenir largement ouvert, exercice fatal aux belles éditions.

On se plaît à choisir dans la carte le plat qui accompagnera au mieux la lecture. On évitera les salades aux projections indiscrètes, la viande non mijotée dont la découpe vous ferait reposer votre livre trop souvent, les nourritures que l'on picore avec les doigts. On jouera surtout au jeu des accords : Simenon s'accommode bien d'une blanquette, Maupassant vous conduit tout droit aux poissons, San Antonio appelle le bœuf-carottes et la poésie de Verlaine ne souffre que des nourritures délicates. Je garde ainsi la nostalgie d'avoir lu Colette (*Chéri*, je crois), quasiment sous ses fenêtres, à la terrasse du Restaurant du Palais-Royal, dans le parfum d'un risotto aux asperges. C'était diablement doux, comme si toute la Belle Époque se penchait sur mon épaule.

LA SOLITUDE AU FIL DES SAISONS

PRINTEMPS

Jaja
3, rue Sainte-Croix-de-la-Bretonnerie, 75004
01 42 74 71 52

Café Louis Philippe
66, quai de l'Hôtel-de-Ville, 75004
01 42 72 29 42

Café Guitry
10, place Édouard-VII, 75009 – 01 40 07 00 77

ÉTÉ

Café du musée Rodin
77, rue de Varenne, 75007
01 44 18 61 10

Bagatelle
Route de Sèvres à Neuilly, 75016 – 01 40 67 98 29

Bal Café
6, impasse de la Défense, 75018 – 01 44 70 75 51

AUTOMNE

L'Épi d'Or
25, rue Jean-Jacques-Rousseau, 75001
01 42 36 38 12

Le Timbre
3, rue Sainte-Beuve, 75006 – 01 45 49 10 40

L'Assiette
181, rue du Château, 75014 – 01 43 22 64 86

HIVER

Le Chenin
33, rue Le Peletier, 75009
01 47 70 12 01

Chaumette
7, rue Gros, 75016
01 79 97 32 66

Le Petit Salé
99, avenue des Ternes, 75017 – 01 40 68 95 09

REMONTER SA MONTRE

« Le temps des hommes c'est de l'éternité pliée. »
Jean Cocteau

Un geste qui n'a l'air de rien ; une habitude. Remonter sa montre le matin, quand, toilette faite, on erre encore en bras de chemises dans la chambre, quand Paris n'est encore qu'une rumeur au dehors. Ces aiguilles que l'on anime comme sur un tourniquet, filant à grande vitesse vers l'heure du jour, exacte ou approximative. Puis ce geste pointilleux du pouce et de l'index accrochant le remontoir ; il faut bien une cinquantaine de tours pour commencer la journée.

Remonter sa montre le soir, aussi, quand on a choisi de sortir accompagné de cette vieille tocante suisse, réversible au dos gravé d'un chiffre, sortie de son coffret d'acajou. Elle en a connu des soirées, des restaurants, des conversations, des aventures sans lendemain. Elle a trotté ses fines aiguilles sous bien des latitudes et des plafonds étranges. On la tire de son sommeil et on la ramène à la vie de quelques mouvements. Et tout peut recommencer.

Comment se satisfaire de ces montres anonymes, ces objets à l'agitation perpétuelle, toujours à l'heure, jamais fatigués, que l'on enfile au poignet machinalement le matin, sans y penser ? Non, ce que l'on aime, ce sont les montres de caractère, qui vous demandent de l'attention, qui savent se rappeler à vous, attirer le regard sur leur cadran. Elles sont si dépendantes. Économes. Rendormies dès que l'on s'en sépare. Animées juste le temps nécessaire, une journée, une soirée, un voyage, elles ne se gaspillent pas. Les yeux fixés sur elles, le temps qu'on les remonte, on ne peut échapper à leur beauté. C'est leur coquetterie.

Pourtant, elles ne réclament pas grand-chose, un peu d'attention, un geste mécanique, presque une caresse et les voilà ranimées, compagnes fragiles du temps qui passe. On dirait qu'elles nous murmurent : « *Ne m'oublie pas.* » Comment pourrait-on ?

POUR REMETTRE LES PENDULES À L'HEURE :

Montres de Collection (Hady Ouaiss)
4, rue de Sèvres, 75006 – 01 42 22 82 87

Antoine de Macedo
46, rue Madame, 75006 – 01 45 49 14 91

Romain Rea
26, rue du Bac, 75007 – 01 42 61 43 44

Contretemps (Jean-Yves Vergara)
93, rue du Bac, 75007 – 01 45 48 61 24

MMC
71, rue du Faubourg-Saint-Honoré, 75008 – 01 42 66 05 05

Cresus
9, rue du Chevalier-de-Saint-George, 75008 – 01 40 20 16 84

Olivine Prestige
6, rue de Tocqueville, 75017
01 47 63 27 31

Sans oublier de guetter régulièrement les ventes aux enchères de montres anciennes (www.drouot.com). Avec un peu de sang-froid et d'expérience, on peut y réaliser de très bonnes affaires.

ET HABILLER VOTRE MONTRE D'UN BRACELET SUR MESURE :

ABP (L'Atelier du Bracelet Parisien)
28, place du Marché-Saint-Honoré, 75001 – 01 42 86 13 70

Atelier Jean Rousseau
9, rue Duphot, 75001 – 01 47 03 05 32

LES MAINS DE LA COIFFEUSE

« Comme aussi ces caresses singulières qui inventaient une volupté plus vive au milieu même de la volupté. »

Paul-Jean Toulet

Le contact cinglant et froid de l'émail du bac sur mon cou. Comme une décharge, les trois coups et le rideau qui se lève. Je sens alors sa main sur mon front, le son clair de l'eau chaude en cascade et ses vagues descendant le long de mes cheveux. Comme une première torpeur qui relâche le corps. Et vous conduit à l'abandon.

Une main sous la tête. Puis le parfum du shampooing comme un baume, sa fraîcheur contre la tiédeur de l'eau. Et la danse de ses longs doigts fins peut débuter. La mousse qui bruisse un peu, comme un papier de soie que l'on froisse, un crissement léger sous des doigts fermes. Les voilà qui enchaînent leurs petits mouvements, précis, enveloppants, dans un parcours bien balisé du sommet du crâne, de la nuque, des tempes, des pressions, des rondes circulaires, dix doigts coordonnés en un ballet de natation synchronisée.

Je ne sens qu'eux. Les bruits du salon se sont éloignés, je n'entends plus rien. Je ne suis au monde que pour suivre à la trace ces mains qui semblent si bien connaître les secrets licencieux de ma tête trempée.

Je voudrais que cela ne s'arrête jamais. M'endormir doucement sous ces caresses. C'est promis, je ne médirai jamais plus sur les shampooineuses, elles vous caressent l'âme avec candeur, allument des feux de Bengale silencieux le long de votre moelle épinière et vous emmènent ailleurs avec comme seuls bagages un peu d'eau et de savon.

C'est leur petit miracle quotidien.

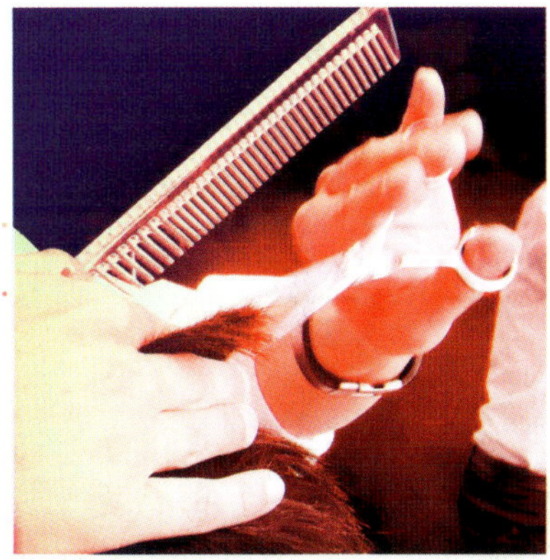

CONFIEZ-LEUR VOTRE TÊTE :

David Mallett
14 rue Notre-Dame-des-Victoires, 75002
01 40 20 00 23

Desfossé
19 avenue Matignon, 75008 – 01 43 59 95 13

Jean-Michel Faretra
21 avenue George V, 75008 – 01 47 23 01 16

Les Chevelus
44 rue des Martyrs, 75009 – 01 48 74 15 45

Meloz Coiffeurs (Philippe Carlier)
11 rue Fontaine, 75009 – 01 40 82 99 71

Monsieur
47 rue de la Tour d'Auvergne, 75009
01 45 26 78 25

Ultra
3 rue Saint-Sabin, 75011 – 01 43 57 42 67

Mario Lopes
88bis avenue Mozart, 75016 – 01 45 27 37 30

Angel
76 rue Pierre Demours, 75017 – 01 42 27 60 60

Le Monde
Chèque Déjeuner

FRANCK BARANGER

Cuisinier, Chef du restaurant Le Pantruche

MARTYR DU DIMANCHE

J'aime Paris, ses quartiers et les habitudes que l'on y prend, ce sentiment d'appartenir à une sorte de tribu. La mienne c'est « So Pi ». Mon plaisir du dimanche matin, et j'en ai fait mon rituel, c'est l'ascension de la rue des Martyrs et en espadrilles, s'il vous plaît ! Ça commence toujours de la même façon : angle rue des Martyrs – rue Choron, premier expresso, histoire de me mettre en jambes. C'est après que les choses sérieuses commencent. Première étape, le kiosque à journaux. Je parcours chaque magazine qui attire mon regard, puis j'hésite, je compare, pour finalement repartir systématiquement avec le même quotidien pour moi et la presse féminine pour elle (je la feuillette, puis la referme toujours en soupirant, ne comprenant rien à cet engouement).

La poissonnerie ensuite ou la boucherie, selon l'humeur et le contenu des étals. J'y puise tour à tour l'inspiration pour des recettes simples mais qui sauront régaler les copains. Puis du fromage, bien sûr. Toujours trop. Et qui dit fromage, dit pain... Pour cela, Landemaine, « *deux Tradition pas trop cuites* » et un pain au cacao, délicieux. Enfin, le sommet ou presque, la cave des Martyrs, d'abord parce qu'ils sont de bon conseil, et aussi vraiment sympas.

Et puisqu'on est dimanche, et que ça fait toujours plaisir, je prends mon courage à deux mains et me rend vaillamment jusqu'au bout de l'avenue Trudaine, chez Bruno. C'est lui qui confectionne les bouquets du restaurant, il a toujours une bonne idée pour que mon retour à la maison soit remarqué et applaudi. C'est donc presque en héros, pantruchois digne de ce nom, que j'achève mon périple là où je l'ai commencé : expresso / croissant / tartines /et mon *Voici*, heu... son *Voici* ! Le bonheur quoi...

Requinqué, je rentre, les bras chargés, satisfait et empli du sentiment délicieux de la tâche accomplie. Bien accomplie.

AU MARCHÉ AVEC SES ENFANTS

« C'était la marée, c'étaient les beurres, c'était la volaille, c'était la viande. Des volées de cloches passaient, secouant derrière elles le murmure des marchés qui s'ouvraient. »

Émile Zola

Paris est un village. Ou plutôt *des* villages. Des Batignolles à Ménilmontant, de la Butte-aux -Cailles à l'église d'Auteuil, filant doux sur la colline de Montmartre, la capitale déroule sa géographie campagnarde autour de son Palais-Royal. Provinciaux de Paris, leurs habitants y ont leurs habitudes, des repères forgés de longue date, des us et des coutumes cultivés rageusement. Prenez les marchés, par exemple. Voilà bien un endroit où palpite le cœur d'un quartier, où ses autochtones se reconnaissent à la taille d'un cabas, à la coupe de cheveux ou au port d'une veste. Média-bourgeois sur les rives de l'avenue de Saxe, bobo-bios sous le manteau des Enfants-Rouges, délurés et bavards à l'ombre du métro Barbès.

Le Parisien aime son marché comme il aime son jardin public. Avec la fidélité sédentaire des fins de semaine. Il aime cette foule, une ruche bourdonnante. Ça vit un marché : on se croise, on se presse, on marchande, on fraternise dans la queue en attendant son tour de commander aubergines et courgettes, sainte maure-de-Touraine et saint-nectaire. On achète sous la pluie des

poignées de champignons, des gibiers pendus aux crocs du volailler comme une nature morte flamande. Aux beaux jours, parfumés de basilic, on renoue avec le Sud, les tomates et les melons odorants.

Mais le vrai plaisir du marché, sa saveur ultime, c'est d'y aller avec ses enfants. De dérouler avec eux le long ruban de la leçon de choses aux étals des marchands. De les voir s'extasier sur des poissons inconnus (« *Et ça, c'est un requin, papa ?* »), se faire offrir un kefté ou une olive, apprendre à reconnaître les légumes, les fruits, découvrir en grandissant de nouveaux mots gourmands (abricot, oursin, faisan) et sentir avec eux passer le fil des saisons. Une initiation au goût, au plaisir de la nourriture et des bons produits. Une petite communion païenne.

MES MARCHÉS PRÉFÉRÉS :

3e : marché des Enfants-Rouges
(tous les jours, sauf le lundi)
En débordement de la rue de Bretagne, un petit et bel endroit (le plus vieux marché de Paris), un poil cher. Idéal pour y laisser filer une matinée car on peut s'y restaurer convenablement.

6e : marché Raspail
(mardi, vendredi et dimanche)
Précurseur, un marché dédié au bio, très fréquenté, pas donné mais rassemblant de très bons artisans (fromagers, maraîchers…).

7e : marché Saxe-Breteuil
(jeudi et samedi)
Chic mais pas si cher, une très belle sélection de produits (pêche trouvillaise, gibiers, cafés à moudre…) et de traiteurs avec la tour Eiffel à l'horizon.

12e : marché d'Aligre
(tous les jours, sauf le lundi)
Jolis produits abordables, dans un quartier où les boutiques avoisinantes complètent judicieusement la sélection.

16e : marché du Président-Wilson
(mercredi et samedi)
Sur les rives du musée d'Art moderne, on y retrouve la star des maraîchers, Joël Thiébault. Et cela se paye.

18e : marché de Barbès
(mercredi et samedi)
On y trouve de tout pour trois fois rien, y compris les produits les plus exotiques, mais la qualité n'est pas toujours au rendez-vous : soyez vigilant.

Et pour les plus bucoliques, le marché aux Fleurs de l'île de la Cité (4e), une explosion de couleurs et de parfums à faire tourner la tête. Ouvert tous les jours, sauf le dimanche, où il est remplacé par un étonnant marché aux Oiseaux…

« Jean de Servigny, petit, svelte, un peu chauve, un peu frêle, très élégant, la moustache frisée, les yeux clairs, la lèvre fine, était un de ces hommes de nuit qui semblent nés et grandis sur le boulevard, infatigable bien qu'il eût toujours l'air exténué, vigoureux bien que pâle, un de ces minces Parisiens en qui le gymnase, l'escrime, les douches et l'étuve ont mis une force nerveuse et factice. Il était connu par ses noces autant que par son esprit, par sa fortune, par ses relations, par cette sociabilité, cette amabilité, cette galanterie mondaine, spéciales à certains hommes.

Vrai Parisien, d'ailleurs, léger, sceptique, changeant, entraînable, énergique et irrésolu, capable de tout et de rien, égoïste par principe et généreux par élans, il mangeait ses rentes avec modération et s'amusait avec hygiène. Indifférent et passionné, il se laissait aller et se reprenait sans cesse, combattu par des instincts contraires et cédant à tous pour obéir, en définitive, à sa raison de viveur dégourdi dont la logique de girouette consistait à suivre le vent et à tirer profit des circonstances sans prendre la peine de les faire naître. »

GUY DE MAUPASSANT
Yvette

ACHETER UNE CHEMISE

« Sa cravate blanche [...], le jabot de sa chemise, son ample redingote brune, sa façon de priser en arrondissant le bras, tout son individu lui produisait ce trouble où nous jette le spectacle des hommes extraordinaires. »

Gustave Flaubert

Je ne sais pas vous, mais moi, je ne repars jamais avec celle que j'étais venu chercher. Je la voulais simple, blanche, en popeline et celle que je tiens fermement en me dirigeant vers la caisse est bleue, à fines rayures. Bien souvent, d'ailleurs, je repars avec plus de modèles que je n'en désirais ; les boutiques de chemises sont des pièges inexorables.

La chemise, c'est l'homme. Le point d'ancrage de sa garde-robe, la compagne de chaque jour. On en change comme d'idées et, comme elles, on veille à ce qu'elles restent propres. Et dignes. Qu'elle se veuille vierge en blanc vespéral ou qu'elle joue les divas aux poignets bicolores, qu'elle se drape dans la rigidité d'un pasteur anglican ou s'abandonne aux courbes fluides d'un été italien, son port n'est jamais anodin. La chemise nous raconte. Alors autant la choisir avec soin.

Oublions un instant le sur-mesure, pourtant aujourd'hui devenu fréquentable (comptons tout de même un bon billet de 100 €), pour naviguer le long des côtes dangereuses du prêt-à-porter. Guetté de loin par les naufrageurs de bon goût et les marchands du temple. S'acheter une chemise est un exercice périlleux. Mais quel plaisir quand on se retrouve chez un bon faiseur ! Toutes ces chemises soigneusement repliées dans leurs grandes bibliothèques de bois sombre, comme autant de volumes à parcourir. On laisse le regard glisser de modèle en modèle, sautant de l'uni aux rayures, des chevrons au Vichy, dans un grand déballage de couleurs. Puis viennent les étoffes que l'on touche de la pulpe du doigt pour en éprouver la douceur, jauger par avance les caresses qu'elles sauront prodiguer sur la peau nue (le summum du luxe : quand le coton se fait soie, une chemise si fine qu'on ne la sent pas, en *Sea Island* par exemple). Et enfin la revue de détails, le type et la tenue du col, les baleines amovibles, les hirondelles, l'alignement des coutures, les boutons de nacre. Impitoyables révélateurs de qualité.

On imagine déjà les accords à venir, l'harmonie d'une cravate, le soutien d'une veste. Voilà, c'est décidé, ce sera celle-là. Et celle-là. Et celle-là...

SE POUSSER DU COL EN PRÊT-À-PORTER :

Jo (Émile Lafaurie)
47, rue d'Orsel, 75018 – 01 55 79 99 16

Melinda Gloss
42, rue de Saintonge, 75003 – 01 48 04 06 08

Kitsuné
52, rue de Richelieu, 75001 – 01 42 60 34 28

Brooks Brothers
372, rue Saint-Honoré, 75001 – 01 40 20 10 01

Breuer
14, rue de la Paix, 75002 – 01 42 60 68 31

Hackett
17, rue de Sèvres, 75006 – 01 45 49 18 93

Alain Figaret
18/20, place de la Madeleine, 75008 – 01 40 06 94 90

LA CRÈME DE LA CRÈME :

Arnys
14, rue de Sèvres, 75007 - 09 62 24 41 99

Charvet
28, place Vendôme, 75001 – 01 42 60 30 70

SUR-MESURE (À ESSAYER AU MOINS UNE FOIS) :

Swann et Oscar
1, rue de l'Arcade, 75008 – 01 44 19 74 96

Samson
15, rue de Tournon, 75006 – 01 43 25 13 60

JLR
45, avenue Paul-Doumer, 75016 – 01 45 03 25 50

CHEMISIERS SUR-MESURE DE LUXE :

Didier Lucca
58, boulevard des Batignolles, 75017 – 01 43 87 75 10

Édouard Courtot
113, rue de Rennes, 75006 – 01 45 48 54 86

LE PETIT TRUC EN NACRE :

Une idée originale de cadeau pour les amateurs de chemises, des baleines en nacre, en écaille ou en argent (prenez soin de les choisir légères) remplaçant avantageusement les baleines amovibles standard. Un luxe à petit prix.

Thomas Pink
19, rue Francois-1er, 75008 – 01 47 23 72 00

Maison Bonnet (écaille)
Passage des Deux-Pavillons, 5, rue des Petits-Champs, 75001 – 01 42 96 46 35

PRENDRE SON PETIT DÉJEUNER DANS UN PALACE

« Un voyage se passe de motifs. »
Nicolas Bouvier

Certains jours on voudrait quitter la vie. Rompre les amarres de l'agitation fébrile, partir. Goûter aux dépaysements du voyage instantané, de la retraite à contre-jour. On dirait que les palaces n'ont été faits que pour ça : quitter Paris. Longs paquebots immobiles, amarrés aux quais des avenues bruyantes, ils attendent leurs voyageurs, offrant à leur silhouette blanche comme un embarcadère.

On s'y glisse tranquillement, aux heures matinales, activant la porte-tambour comme on passe un poste-frontière, le front haut et les yeux au lointain. En général, la salle de restaurant, aux dimensions transatlantiques, est dépeuplée à cette heure indue. Elle se languit d'une visite, d'un murmure, de thé et d'oranges pressées. Elle rêve de se donner à celui qui saura lui laisser ses miettes de viennoiseries.

Sous la conduite d'un uniforme, on trouve sa place en louvoyant. Une belle table blanche à la nappe de coton lourd ; c'est donc ici que l'on range les voiles. Un vent tiède vous siffle aux oreilles, un petit recul vers le fond du fauteuil et la commande comme un appareillage. Une faible musique alentour, un « *Mais bien sûr Monsieur* » qui conclut l'envoi et la solitude retrouvée. On attrape un livre, souvent le même, récit de voyage ou chronique mondaine, on tourne quelques pages et, à moins qu'un buffet ne nous tende ses bras pantagruéliques, la collation arrive. On picore des nourritures sophistiquées aux airs familiers, douces et sucrées, indolentes, comme en vacances. La beauté des lieux est un refuge, on s'y frotte les yeux en tous sens.

Et si la chance nous sourit, il y aura bien une molle étrangère à quelques tables de là, pour jouer les amantes de roman, ces filles en villégiature que l'on n'ose jamais aborder avant la nuit tombée. Mais à la nuit tombée, on se sera déjà enfui.

POUR JOUER LES TOURISTES DU LUXE :

Les Orchidées
Park Hyatt Paris-Vendôme
5, rue de la Paix, 75002 – 01 58 71 12 34

La Galerie des Gobelins
Plaza-Athénée
25, avenue Montaigne, 75008 – 01 53 67 66 00

Restaurant Dalí
Le Meurice
228, rue de Rivoli, 75008 – 01 44 58 10 44

Les Ambassadeurs
Hôtel de Crillon
10, place de la Concorde, 75008 – 01 44 71 16 16

Le Cinq
Hôtel George-V Four Seasons
31, avenue George V, 75008 – 01 49 52 70 00

La Bauhinia
Shangri-La Hotel
10, avenue d'Iéna, 75016 – 01 53 67 19 91

CONDUIRE VITE DANS LE BOIS DE BOULOGNE

« On a beau être fou d'amour en vain, on l'est moins à 200 à l'heure. »
Françoise Sagan

Très tôt le matin, c'est le meilleur moment. Quand le flot des voitures de banlieue ne fait pas encore reluire de ses feux rouges les avenues du Bois. Quand on y respire une odeur d'herbe coupée qui fleure bon sa Normandie de carte postale. Le bois de Boulogne, c'est l'endroit où Paris sent la campagne. Pour peu que le temps soit clément, on s'y enfonce en catimini, le temps d'une escapade, imitant ces bourgeois désœuvrés des romans de Sagan qui s'échappaient jadis de Saint-Germain-des-Prés, le temps d'un déjeuner adultère sous les branches.

On a arrêté la radio. On ne veut entendre que l'air, le vent et le moteur. Les graviers qui crissent par moments sous les pneus. Tout le plaisir est dans la vitesse qui peu à peu se déploie. On roule sur une route de campagne, une départementale, aux courbes douces auxquelles succèdent de longues lignes droites où l'on laisse filer ses chevaux jusqu'aux limites imposées. Le cœur lui aussi accélère, le sang s'excite, les yeux se plissent sur le paysage qui défile en allongeant ses contours, versant dans l'irréel d'une bande continue, verte et blanche.

On a beau l'avoir arpenté cent fois, on se perd toujours dans le bois de Boulogne, cette campagne civilisée des Parisiens, parcourue pourtant depuis des siècles. Un enchevêtrement d'allées cavalières, de routes sinueuses, de refuges cachés, le Tir aux Pigeons, le Racing, la vague rumeur des champs de course, la Grande Cascade en ligne de mire. On presse doucement la pédale, les gaz affluent, déchaînent leur orage mécanique et la voiture fait un bond. On sent la vitesse se couler dans les roues qui accrochent l'asphalte à la lueur blanche du petit matin. Le moteur creuse dans le silence son ronronnement de bête fauve.

L'auto ne réveille pourtant pas la quiétude alanguie des étangs qu'on appelle ici, par souci de grandeur, des

lacs, et, au détour d'un virage, c'est le souvenir de déjeuners plaisants au Chalet des Îles qui vous revient en mémoire (il faut avoir connu ce bonheur simple de prendre avec l'être aimé le bac qui rallie le pavillon, comme une fuite aristocratique vers Coblence). C'est que le Bois condense dans sa verdure les souvenirs enfouis de promenades en calèche, d'amants essoufflés à l'arrière des berlines, de Citroën DS présidentielles filant grand train sous les cimes.

Alors les vitesses s'enchaînent, avec détermination, aiguisant les nerfs, provoquant le destin, jusqu'au prochain virage, au prochain feu. Conduire vite dans le bois de Boulogne, c'est le plaisir solitaire de dépasser les bornes. De dissoudre le temps, de réduire les distances, de maîtriser sa machine, ses réflexes, sa vie.

OÙ S'ARRÊTER POUR LAISSER REPOSER LE MOTEUR ?

La Grande Cascade
allée de Longchamp, 75016 – 01 45 27 33 51

Le Chalet des Îles
chemin de ceinture du lac Inférieur, 75016 – 01 42 88 04 69

L'Auberge du Bonheur
allée de Longchamp, 75016 – 01 45 27 33 51

Bagatelle
42, route de Sèvres, 75016 – 01 40 67 98 29

Le Tir aux Pigeons
route de l'Étoile, 75016 – 01 40 67 95 44

BAR-RESTO SPECIALITE VIETNAMIENNE
味
AU BON PHỞ
閣
Tél: 01 42 72 88 32
ouvert
越菜
BA
PH
OPEN

NICOLAS BEDOS

Dramaturge, Chroniqueur

MIDI – MINUIT

Voilà plusieurs années que je m'organise une vie de solitaire jusqu'à 18 heures.
Mes journées parisiennes sont réservées à l'écriture et à la lecture. Je ne deviens donc social, propre, hypocrite et élégant que lorsque le jour commence à décliner.
Avant ça, je balade un pyjama amélioré et une tignasse hirsute dans mon quartier du haut Marais, un coin qui m'a rendu heureux, près d'une personne sensuelle et drolatique qui rend ce quartier encore plus magique. Je déjeune en silence dans les restaurants asiatiques de la rue Volta et de la rue au Maire. Mon Paris à moi, depuis trois ans, il est chinois ! J'achète la presse et j'ingurgite des riz divers et variés, des raviolis grillés, des salades d'algues... Tout ça. Je bois du thé glacé en traînassant dans les pages d'actualité, les critiques littéraires et les potins mondains. Par exemple, je cuisine la chronique de Patrick Besson avec quelques crevettes, j'ajoute que l'édito de Franz-Olivier Giesbert se marie fort bien au saté et que les délires de Beigbeder ne sont jamais aussi salés qu'accompagnés d'une boule de glace au thé vert.
Je lis presque tout, les bêtises de droite et les niaiseries de gauche, les méchancetés qui se croient fines et les éloges qu'on pense faux. Ensuite, je digère *Le Monde* dans un square de la rue de Bretagne, et je le « rends » chez moi, dans de petits carnets moleskine, ceux que tous les auteurs achètent – persuadés qu'ils sont vendus avec le talent d'Ernest Hemingway.
Quand la nuit tombe, je redécouvre le Tout-Paris, celui que je méprise le jour et qui – la nuit – fait semblant de nous vouloir du bien. Le Paris de Saint-Germain, des éditeurs, des producteurs, des femmes infidèles et des cocktails branchés. Et tout en embrassant ces gens comme du bon pain, je me languis déjà du lendemain midi, celui des longues conversations muettes avec la serveuse coréenne du restaurant chinois, celle qui se moque de moi et qui, par conséquent, prend soin de mon plaisir.

S'ÉCHOUER DANS UN BAR DE NUIT

« On n'a pas assez l'habitude de faire porter l'esprit critique sur le rôle des patrons de bar. Ce sont des gens qui tiennent une place effective dans l'entretien de la véritable civilisation. »

Aragon

C'est le petit miracle de la nuit. Une heure du matin, peut-être plus. Vous sortez d'un appartement, d'un restaurant, d'un théâtre subventionné ou – pourquoi pas ? – du lit d'une vieille maîtresse. Quelques vapeurs d'alcool pourraient même vous faire tourner un peu la tête, à moins que ce ne soient les bavardages de la foule quittée ou les baisers enflammés de la belle enfant. Vous voici donc sur le trottoir, filant léger dans l'air du soir. Qu'il fasse froid ou pas, là n'est pas la question : vous ne voulez pas rentrer. S'en jeter un dernier. Poursuivre la conversation (ou l'entamer). Retrouver un semblant de chaleur humaine dans des yeux inconnus.

Un peu de marche aléatoire, quelques cigarettes et une bourrasque qui vous jette contre le premier comptoir venu. Il peut être éclairé de néons jaunâtres, astiquer son Formica sous des lanternes années cinquante, il peut sentir la bière, brandir un écran de télé cloqué sur MTV, on n'est pas très regardant. À cette heure, une seule chose compte, les quelques silhouettes accrochées au bar et le patron à la figure écarlate et bonhomme. On se glisse sans bruit entre les habitués, tout juste précédé d'un bonsoir affirmé et on passe la commande. Les yeux convergent, une vieille, deux types aux mains de bûcheron et au cou de taureau, un petit gars fluet, sec comme une cravache, une fille perdue aux cheveux ras. D'abord, ils ne disent rien (à cause de votre cravate ?). Puis, une fois votre première gorgée avalée, la conversation fait ses premiers pas. La glace se rompt autour des verres. Ces « *verres de contact* », comme les appelait Blondin, qui rapprochent sur le tard des individus dissemblables au possible.

C'est l'heure nocturne où tout se confond, où règne la plus honnête des égalités. Où les esprits un peu pris de boisson nouent des amitiés aussi fugitives qu'improbables mais toujours sincères, le temps d'un armagnac. À droite, le mastodonte aux airs de repris de justice qui vous parle avec une douceur incroyable dans la voix ; à gauche, la fille aux cheveux courts qui laisse onduler le long de ses épaules tatouées un serpent indolent. N'est-elle pas généreuse cette heure passagère qui, pour peu qu'ils aient du cœur et des nerfs, laisse fraterniser les clodos et les aristos, les homos et les hétéros, les déchus et les élus ? D'ailleurs, regardez, ils en ont même oublié votre cravate.

QUELQUES ZINCS OÙ « GOULEYER » PASSÉ MINUIT :

Le Café Noir
65, rue Montmartre, 75002 – 01 40 39 07 36

Le Sans Souci
65, rue Jean-Baptiste-Pigalle, 75009
01 53 16 17 04

Au 36 Corneil
36, rue de Rochechouart, 75009

Le Béguin
2, rue du Cardinal-Mercier, 75009
01 42 81 58 20

Swinging Londress
97, rue du Faubourg-Saint-Denis, 75010
01 47 70 33 82

Le P'tit Bar
7, rue Richard-Lenoir, 75011

L'Alibi
11, rue Lapeyrère, 75018
01 42 52 23 50

Le Commerce
13, rue de Clignancourt, 75018 – 01 46 06 25 63

Aux Folies
8, rue de Belleville, 75020
01 46 36 65 98

Et tant d'autres...

ACHETER DE VIEUX GÂTEAUX

« Le temps balance en encensoir au bout d'une ficelle brune. »
Philippe Delerm

À l'heure où la pâtisserie s'intellectualise à 5 € la part, où les stars du sucré architecturent leurs gâteaux comme des constructions de Niemeyer, où mettre en bouche une de leurs « créations » relève de l'exploit acrobatique, on aimerait bien filer un bon coup de rétropédalage. Quand les as de la ganache exhibent leurs bobines sur le papier glacé des magazines féminins, quand leurs boutiques *new-look* s'inspirent de la froideur des joailleries, il est temps de réclamer le retour à la gourmandise. Parce que là est le plaisir unique du gâteau.

Mordre à pleine bouche dans une pâtisserie à la douceur provocante, l'attraper avec les doigts et sentir la crème couler un peu le long des lèvres ; le dessert est une volupté casanovesque. On s'y jette comme dans un rendez-vous galant, les sens en avant, savourant les préliminaires et espérant, sans trop y croire, que cela durera longtemps. Quelques minutes, et hop, le voilà englouti. Alors, oui, on veut de la rondeur là où l'on ne nous propose plus que des angles aigus.

On se prend alors à rêver d'opulence, de gâteaux généreux et bonhommes, aux noms fleurant bon la campagne, la sortie de la messe, les dimanches endimanchés : éclairs, paris-brests, millefeuilles, fraisiers, saint-honorés... Des gâteaux IIIe République, ventrus, volages, directs dans leur approche, à la simplicité apparente mais aux ressorts matois. Sucrés sans malice, fuyant l'écœurement, offrant leurs saveurs anciennes comme un rappel à l'ordre.

Parce que finalement, manger un gâteau, c'est croquer dans la mémoire. Retrouver le goût et les couleurs de l'enfance dans une polonaise à la meringue un peu molle. Ou dans une madeleine.

LA TRADITION EN PÂTISSERIE :

Le paris-brest et le millefeuille :
Carl Marletti
51, rue Censier, 75005

Le baba et les éclairs :
Pain de Sucre
14, rue Rambuteau, 75003

Le cheese-cake et le strudel aux pommes :
Stube
31, rue de Richelieu, 75001

Le gâteau citron meringué :
café Pouchkine
Printemps Mode
64, boulevard Haussmann, 75008

Le chausson aux pommes et le millefeuille :
Blé sucré
7, rue Antoine-Vollon, 75012

La tarte aux pêches et les escargots :
Du Pain et des Idées
34, rue Yves-Toudic, 75010

Les scones :
Bread & Roses
7, rue de Fleurus, 75006

Le millefeuille ou les tartes aux fruits de saison :
Stéphane Vandermeersch
278, avenue Daumesnil, 75012

La brioche polonaise :
Kaffeehaus
11, rue Poncelet, 75017

L'éclair au café et le fraisier :
Carton
6, rue de Buci, 75006
et 150, avenue Victor-Hugo, 75016

METTRE DES BOUTONS DE MANCHETTE

« Beauté, mon beau souci… »
Valéry Larbaud

Ils sont les baromètres de nos humeurs. On ne les sort pas souvent mais jamais au hasard. Un rendez-vous d'affaires ou une affaire de cœur, une soirée habillée ou déjantée, les occasions existent, il suffit de bien vouloir les saisir. Alors on ouvre la boîte à cigares qui les abrite, on y fouille du bout des doigts ces trésors multicolores, cherchant la pièce qui s'accordera au mieux avec les circonstances. Il y en a pour toutes les nuances du caractère, tous les tempéraments : élégants (fins mors de cavalier), excessifs (têtes de mor étincelantes), provocants (femmes nues à l'esthétique sixties), luxueux (galuchat mauve), gourmands (tire-bouchons)… Et, si rien vraiment ne s'impose, on se rabattra sur la petite boîte de cuir où dorment les paires en passementerie, à la rondeur accidentée et aux variations infinies, picorant à deux doigts le modèle qui fera subtilement résonner la couleur d'une chemise et servira de contrepoint aux teintes de la cravate. On perdra encore quelques minutes à les clouer à ces poignets immenses comme des draps, ruminant le mot, savourant le sentiment si français, si gascon, de porter dans l'ombre de d'Artagnan, des poignets « *mousquetaire* ». Laissant doucement se poser sur sa tenue une sorte d'aristocratie des manières. D'exception réfléchie. Savourant à l'avance les regards des autres sur le bout de nos manches. Le bouton de manchette, on le dit accessoire, mais il est essentiel. Alors, à l'avenir, regardez bien les poignets de vos interlocuteurs, ils sont le miroir de leur âme

POUR SOIGNER VOS EFFETS DE MANCHE :

Paul Smith (souvent drôles, toujours colorés)
3, rue du Faubourg-Saint-Honoré, 75008 – 01 42 68 27 10

Pinel & Pinel (délicieusement originaux en galuchat ou crocodile)
22, rue Royale, 75008
01 42 60 58 39

Dunhill (têtes de bulldog, so British)
15, rue de la Paix, 75002
01 42 61 57 58

Tiffany (Barbell, modèle intemporel)
6, rue de la Paix, 75002
01 40 20 20 20

Charvet (en passementerie, le luxe Charvet pour trois fois rien)
28, place Vendôme, 75001
01 42 60 30 70

Milus (mouvement oscillant de montre suisse, très chic)
En vente chez les horlogers bijoutiers.

MON PETIT LUXE :

Samuel Gassmann réalise à la main dans son propre atelier des boutons de manchette en pièces uniques (souvent chinées), séries limitées ou modèles d'apparat originaux. Magnifiquement décalés et élégants. De 90 € à 300 €.

En vente chez Eglé Bespoke - 26 rue du Mont Thabor, 75001 - 01 44 15 98 31 - samuelgassmann.com

FAIRE DU VÉLO

« Le vélo est un concours de grâces. »
Louis-Ferdinand Céline

Il faut être un peu fou pour faire du vélo à Paris. Un côté kamikaze du dérailleur, allumé du guidon. Pensez donc, la circulation électrisée, la marée de piétons ignorante des feux rouges, les motards téméraires déboulant à bride abattue dans les voies cyclables, la météo aléatoire : il faut une sacrée dose d'inconscience pour poser ses fesses sur une selle matinale. Et pourtant. Il faut bien le reconnaître, pédaler dans Paris est un bonheur rare.

Bien sûr, il faut choisir son moment. Des horaires décalés, un samedi ou un dimanche matin avant l'heure des croissants, un pont de mai, un jour férié, une grève générale, les heures creuses de l'été parisien : finalement, les occasions sont pléthore. Alors on sort de la cave, d'un couloir ou du balcon, le biclou que l'on bichonne depuis si longtemps. Un vieux cadre aux fines attaches (rien à voir avec les poignets de culturiste des VTC modernes), deux sacoches sur le porte-bagages qui, pour une fois, mérite bien son nom, les rétros chromés au bout de leurs bras longs, une selle plate au cuir tanné comme une peau de vieillard corse, le phare jaune et la dynamo, tout y est. On l'enfourche, un coup de pédale et c'est parti. Alors, tout de suite le silence nous frappe. Une bicyclette bien réglée, c'est de l'horlogerie, le tic-tac en moins. Pas un bruit, pas un cliquetis de chaîne, pas un frottement de roue sur le garde-boue, le mouvement se déploie dans un souffle, celui de l'air nous frictionnant les joues. Le regard papillonnant, on est assis dans le paysage. Capturant les sensations d'un corps où tout est mis à contribution. Flâner dans Paris à vélo, c'est être Paris. En ressentir physiquement les odeurs, la perspective, le relief, ses plateaux et ses coteaux abrupts, c'est se laisser bercer par une liberté totale. Un engin qui n'a besoin de rien pour avancer, si ce n'est d'un peu de muscle et d'enthousiasme. Cette petite reine qui nous accompagne depuis l'enfance.

Alors, au hasard d'une place pavée, abordant les grandes futaies de l'avenue de Breteuil, on redevient soudainement, le temps d'une balade, le petit garçon qui usait sur les contre-allées voisines les pneus du tricycle rouge coquelicot (un Jockey ?) que ses parents lui avaient offert. Et chaque coup de pédale ramène avec lui un nouveau souvenir.

À BICYCLETTE :

Urban Solutions
13, rue du 4-Septembre, 75002
01 42 86 84 03

Bicloune
93, boulevard Beaumarchais, 75003
01 42 77 58 06

Au Point Vélo Hollandais
81-83, boulevard Saint-Michel, 75005 –
01 43 54 85 36

Cycle Centre
30, rue Grégoire-de-Tours, 75006
01 43 29 09 04

Vélo Vintage
58, rue du Ruisseau, 75018
06 13 13 42 27 (Eddy)
ou 06 03 89 61 21 (Hugo)

Vélo et Chocolat
75, quai de la Seine, 75019
01 46 07 07 87

Et :
Ecox
(spécialiste
des vélos électriques)
23, rue de Rivoli, 75004
01 42 71 56 39

DAVID FOENKINOS

Ecrivain

LA SUISSE DE PARIS

Depuis plus de dix ans, j'habite devant la Bibliothèque François Mitterrand. Pour cette raison, on me prend pour un psychopathe immobilier. Surtout, au début, quand le quartier n'était qu'un fœtus : et que seul mon immeuble accompagnait la BNF. De mon balcon, je peux la contempler. Et je l'observe chaque soir avec la même émotion. Antidote à la lassitude. Mon plaisir, surtout l'été, est de marcher sur l'esplanade. Le soir, il n'y a plus personne. C'est si calme. C'est la Suisse de Paris.

LE PARCOURS AMOUREUX

La vie sentimentale résumée en une formule de Sacha Guitry : « On se veut, on s'enlace puis on s'en lasse et on s'en veut. » Petite illustration en un parcours du Tendre made in Paris.

1. OÙ LA RENCONTRER ?

Tout Paris n'est qu'une réserve de jolies femmes. Si le ciel ouvert vous pétrifie, attendez la nuit et filez à la cave.

Le Pompon
39, rue des Petites-Écuries, 75010
01 53 34 60 85

2. OÙ DÉJEUNER POUR FAIRE CONNAISSANCE ?

C'est une femme. On l'espère un peu légère. Ses nourritures aussi.

KGB
25, rue des Grands-Augustins, 75006
01 46 33 00 85

3. OÙ L'EMMENER BOIRE UN PREMIER VERRE ?

Pour une fin d'après-midi vitale, on la joue chic, sans ostentation, dans un endroit méconnu.

Le Bar 30
15, rue Boissy-d'Anglas, 75008
01 44 94 14 27

4. OÙ LUI PROPOSER UN PREMIER DÎNER ?

Quoi de mieux qu'un décor de théâtre et ses chandelles pour frapper les trois coups ?

Pétrelle
34, rue Pétrelle, 75009 – 01 42 82 11 02

5. OÙ L'EMBRASSER ENFIN ?
Alcool fort, musique douce, banquettes profondes et lumières voilées : le cocktail a déjà fait ses preuves.

Park Hyatt Vendôme
5, rue de la Paix, 75002 – 01 58 71 12 34

6. OÙ L'EMMENER BOIRE UN DERNIER VERRE ?
Même si vous préféreriez son boudoir à elle, celui-ci n'est pas mal non plus.

Curio Parlor
16, rue des Bernardins, 75005
01 44 07 12 47

7. OÙ CONCLURE ?
Parce que l'hôtel est un voyage. Même à Paris. Et que vous voulez celui-ci inoubliable et sensuel.

Hôtel Amour
8, rue de Navarin, 75009 – 01 48 78 31 80

8. OÙ DEMANDER SA MAIN ?
Du luxe et de l'intimité, mais pas trop. Des assiettes somptueuses, mais pas trop.

La Table du Lancaster
7, rue de Berri, 75008 – 01 40 76 40 18

9. UN AN PLUS TARD...
Pour la surprendre et redonner un petit coup de polish au ronron de la vie à deux (soyez audacieux et réservez un salon privé).

Lapérouse
51, quai des Grands-Augustins, 75006
01 43 26 68 04

10. ET POUR ROMPRE ALORS ?
Une seule règle à mémoriser : la foule anesthésie les cris (mais pas les pleurs). Optez donc pour la brasserie bondée au nom prédestiné.

Terminus Nord
23, rue de Dunkerque, 75010 – 01 42 85 05 15

CHOISIR UN VIN

« Le vin est semblable à l'homme : on ne saura jamais jusqu'à quel point on peut l'estimer et le mépriser, l'aimer et le haïr, ni de combien d'actions sublimes ou de forfaits monstrueux il est capable. »

Charles Baudelaire

Ah, la petite interro des débuts de repas ! Choisir un vin au restaurant, c'est retourner à l'école, résoudre au tableau, devant toute la classe, une fichue équation. Sans avoir toujours bien révisé.

Mais tout le plaisir est là : recenser les paramètres (les préférences de chacun, les plats commandés, la gradation du repas...), faire mouliner ce qu'il nous reste de savoir et de mémoire et poser, après un ultime assentiment de l'assemblée, un doigt victorieux sur une ligne de la carte des vins, lorsque le sommelier se penche vers votre épaule. Bien évidemment les tête-à-tête sont plus cléments que les grandes assemblées, distribuant moins de variables.

Puis la bouteille arrive. On guette alors la première gorgée, le sourire satisfait, le verre reposé en paix. Mais rassurez-vous, ce n'est pas un jeu bien risqué, l'indulgence coupable de vos amis vous épargnant les critiques acides au moment de la dégustation. Seul le silence ou un compliment soufflé du bout des lèvres seront l'indicateur d'une belle plantade. Cela peut arriver.

Chez le caviste, c'est autre chose. On dresse son cahier de doléances, on détaille les circonstances, un vin pour qui, pour quoi, un cadeau, un dîner, un apéro. Une fois le décor dressé, vient le plaisir de l'énoncé de votre désir, des mots qui coulent comme un petit poème en prose, un haïku de goulot : « *Un rouge assez corsé avec du corps et de la puissance, un peu velouté* », « *Un blanc frais et croquant, plutôt sec mais sans amertume, vous voyez ?* » Naturellement, si vous avez bien choisi votre caviste, il voit. Seconde couche de félicité, vous choisissez la bouteille entre les deux ou trois que l'on vous propose. Les puristes ne boivent pas les étiquettes ; les esthètes n'achètent jamais une bouteille laide. C'est comme ça, la beauté les guide qui doit se nicher partout, même dans un vin de table. Suivez leur exemple. Optez pour le flacon *et* l'ivresse.

IN VINO FELICITAS :

Versant Vins
33 bis, rue Charlot, 75003 – 01 42 72 34 85

Une jeune femme originaire de la Loire, Jeanne Galinié, vend, dans un bel endroit au cœur du marché des Enfants-Rouges, des bouteilles souvent assez nature, mais sans œillères. On peut d'ailleurs les ouvrir à la table d'à côté.

Chapitre 20
8, rue Saint-Paul, 75004 – 01 77 15 20 72

Emmanuel Dupuis a eu la bonne idée de créer une cave spécialisée dans les vins blancs. Excellente sélection française, mais aussi d'Allemagne, d'Autriche et d'Espagne. Et en plus, c'est la seule librairie spécialisée dans les livres du vin à Paris.

Le Vin en Tête
48, rue Notre-Dame-de-Lorette, 75009 – 01 53 21 90 17

Une super sélection de vins très souvent nature mais pas seulement, par une équipe passionnée (l'un des fondateurs, Christophe Beau, est maintenant vigneron). En complément : un excellent bar à vin : Oh ! bigre.

La Cave des Papilles
35, rue Daguerre, 75014 – 01 43 20 05 74

La référence en matière de vins bios et naturels. Une sélection fine et affûtée des meilleurs vignerons actuels, qui ne verse pour autant pas dans l'intégrisme.

Les Crus du Soleil
146, rue du Château, 75014 – 01 45 39 78 99

LE caviste qui a fait découvrir les vins du Languedoc-Roussillon à Paris. Une sélection parfaite, tous les pionniers, mais aussi ceux de la deuxième, de la troisième et de la quatrième vague...

Des Mets et des Vins
15, rue d'Auteuil, 75016 – 01 45 20 68 07

Une bande de joyeux drilles, rangés du monde des affaires, vous conseille sur les associations mets et vins : les bouteilles, toutes magnifiques, dénichées dans tous les vignobles français, sont classées dans les rayonnages par types de plats et par prix.

ET, PLUS TRADITIONNELS, MAIS D'UNE COMPÉTENCE À TOUTE ÉPREUVE :

Legrand Filles et Fils
1, rue de la Banque, 75002 – 01 42 60 07 12

Cave Bossetti
34, rue des Archives, 75004 – 01 48 04 07 77

Les Caprices de l'Instant
12, rue Jacques-Cœur, 75004 – 01 40 27 89 00

Caves Augé
116, boulevard Haussmann, 75008 – 01 45 22 16 97

Du Vin et des Bulles (vins de Champagne)
6, rue Blanche, 75009 – 01 48 74 41 85

Rouge, Blanc et Bulles
12, rue Parrot, 75012 – 01 43 47 45 14

Si vous ne devez lire qu'un seul guide pour dénicher les bons petits vins qui peupleront votre cave avec bonheur, foncez sur celui-là.
De superbes trouvailles glanées loin des sentiers battus de la sommellerie collet-monté et un vrai régal de lecture.

Le Petit Lapaque des vins de copains
Sébastien Lapaque
Actes Sud

REGARDER L'INTÉRIEUR DES APPARTEMENTS

« Quelques lumières aux fenêtres des grands immeubles. »
Patrick Modiano

Quand les nuits d'hiver se découvrent opaques, Paris se donne aux balcons.

L'été, ce n'est pas pareil. La vie se déroule au dehors, prolonge ses saynètes à la terrasse des cafés, calant son ordre du jour sur les horaires élastiques des jardins publics. Tout est à découvert, sans surprise, sans mystère. Mais dès le mois d'octobre – parfois plus tôt –, poussés par le froid et la lumière mourante, les acteurs se déplacent, replient leurs décors : la pièce se joue alors en intérieurs.

C'est un drôle de spectacle qui inonde les rues. Des milliers de fenêtres éclairées dès l'après-midi finissant. Des milliers de lucarnes projetant au flâneur les scènes, banales ou extraordinaires, d'une vie recluse. Comment s'empêcher alors d'y jeter un œil ? Le regard attiré par de hauts plafonds dorés, par un lustre scintillant au milieu d'une chambre, par un tableau immense ou une bibliothèque assoupie. Là, des silhouettes s'agitent. On peut les apercevoir glissant d'une pièce à l'autre, s'absorbant un instant dans une tâche obscure, fumant une cigarette au balcon entrouvert, pensives.

Chaque appartement est le théâtre où l'on joue sa vie. La représentation démarre à dix-huit heures. On plonge le regard à travers les fenêtres, imaginant des destins tragiques ou grandioses, des personnages flamboyants ou ternes, une multitude de destins joués sur un coup de dés, et autant d'autres pétris d'habitudes, réglés avec une rigueur monacale. Derrière les carreaux, des secrets, des langueurs, des cris, des amours déchirées, le temps qui passe, des ambitions contrariées et des espoirs de lendemains qui chantent. De quoi tisser soi-même sur le fil de l'imaginaire la trame du genre parisien.

Regarder l'intérieur des appartements, c'est vivre dans un roman paysager. Une vie Modiano.

OÙ PLANTER SON DÉCOR ?

Les grands appartements calmes au sud du 16e arrondissement, les immeubles aristocratiques du 7e, les fenêtres à petits carreaux du Marais, les maisonnettes de la cité des Fleurs dans le 13e, le luxe Grand Siècle aux fenêtres immenses de l'île Saint-Louis, le chic discret des grands bâtiments cachés derrière les arbres des pourtours du Champ-de-Mars, le Quai d'Orsay, les scènes parisiennes ne manquent pas. Il suffit de suivre les feux de la rampe.

BEST OF BURGERS

« Il faut secourir les américains. »
Pierre-Augustin Caron de Beaumarchais

Voilà bien un plaisir honteux. À l'heure des assiettes poids plume, du légume au pinacle et du bio à tous les étages, se régaler d'un hamburger est devenu un acte de résistance, une manière d'anticonformisme sain. Il faut dire que le bougre cumule les repoussoirs : américain, il trimballe ses fantasmes caloriques et reste coincé quelque part dans la mémoire adolescente. Le hamburger est blasphématoire. Alors pourquoi se l'interdire ? D'autant plus qu'il est possible de dégotter, au fil du pavé parisien, des adresses plus que convenables pour s'en saisir à pleines mains. Le hamburger, c'est un peu le Porthos des mousquetaires de la bouffe. Pas de grande sophistication, mais une allure bonhomme, vaillante, qui fait de sa puissance et de son large coffre un compagnon agréable sur lequel on peut compter. Évitons tout de même le débraillé et gardons-lui un peu de tenue : du pain maison qui se doit d'être souple, une viande grossièrement hachée, épaisse et juteuse, des légumes frais et croquants (salade, oignons, tomate, cornichons...), une sauce légèrement sucrée qui ne versera pas dans la dégoulinade sirupeuse. En accessoire aussi, il ne faudra pas reculer. Le hamburger-salade, connais pas ! On lui laissera sa cohorte serrée de pommes frites au couteau, contrepoint historique et passage obligé du plaisir coupable. Là encore, il les faudra d'excellente extraction, croustillantes et moelleuses, servies si chaudes qu'on pourra s'y brûler les doigts. À peine luisantes de leur œil de velours. Pour le reste, à deux mains ou gentiment découpé à la fourchette et au couteau, tout est permis, pourvu qu'il file au gosier en larges bouchées. Enfin, un vin rouge et franc, du Ventoux ou des Côtes de Castillon, lui donnera cet air franco-américain que Jean Seberg n'aurait pas renié. Comme un retour aux caves de Saint-Germain, quand à Paris « américain » était encore synonyme de jazz et de cigarettes. *Hurry up buddies, this burger's for you !*

À L'AMÉRICAINE :

H.A.N.D.
39, rue de Richelieu, 75001 – 01 40 15 03 27

Breakfast in America
17, rue des Écoles, 75005 – 01 43 54 50 28

Coffee Parisien
4, rue Princesse, 75006 – 01 43 54 18 18

PDG
8, rue de Ponthieu, 75008 – 01 42 56 19 10

Floor's
100, rue Myrha, 75018 – 01 42 62 08 08

À LA FRANÇAISE :

Le Dalí (hôtel Meurice)
228, rue de Rivoli, 75001 – 01 44 58 10 10
(Consacré meilleur hamburger du monde par le New York Times, le plus authentiquement luxueux, 36 € tout de même.)

Glou
101, rue Vieille-du-Temple, 75003 – 01 42 74 44 32

Maison de l'Aubrac
37, rue Marbeuf, 75008 – 01 43 59 05 14

CARETTE
SERIE
CARETTE
SALON DE THÉ

DAVID ABIKER

Écrivain, Journaliste

LA NUIT JE SAUCE

J'ai toujours eu la frayeur des « adresses », des bons plans, des bars et des restaurants dans le coup. Sans doute la peur panique de n'y être pas à ma place, de n'y être pas attendu ou de ne pas ressembler assez à la clientèle. Angoisse de ne pas en être avant même d'y être. C'est plus fort que moi, un restaurant, un bistrot, c'est un lieu qu'on ne cherche pas, qu'on ne repère pas. Ça ne peut pas se trouver sur un plan ou sur Internet. Pour être bien quelque part, il me faut juste pousser la porte et cuisiner mon habitude. Je commence à être un vieux chat. Pour moi *Comme d'habitude* n'aurait jamais dû être une chanson triste. Les habitudes, c'est ce qui habille un homme, c'est ce qui patine son cuir ; elles sont des « adresses à soi-même », des choix heureux comme des erreurs qu'on s'obstine à répéter, pour le meilleur, parfois pour le pire. Alors, voilà où j'aime aller dans Paris. J'aime aller chez Carette prendre un café, lire les journaux et me demander d'où viennent les seins des clientes chic et orientales qui s'y pressent avec leurs ongles longs et leurs bottes d'amazones. J'aime bâfrer chez André, près d'Europe 1, où les serveuses portent aussi un tablier blanc sur leur jupe noire, me demandent ce que je lis et me servent avec un zèle rétro d'ouvrières soumises et complices. J'aime aussi Chaumette, près de la maison de la Radio, Chaumette dont la salle de restaurant sent la maison de campagne et le troisième âge gourmand. Si je n'avais pas été moi, j'aurais pu être un vieux dandy ou une buveuse de thé anglaise, voilà pourquoi je vais aussi aux Deux-Abeilles, un salon à pâtisserie et toile de Jouy qui me rappelle les maisons de familles que je n'ai pas eues. Voilà mes habitudes et c'est parce qu'elles bégayent avec le temps, et dans ces lieux que j'habite à ma façon, qu'elles sont devenues des petits plaisirs. Je laisse aux jeunes gens les bars *lounge* et leurs compilations d'aéroport, je laisse les bars sympas de la Bastille et leur juvénile brouhaha cosmopolite, je laisse le secteur entier de l'hôtellerie-restauration, ses étoiles, ses caves et ses palabres. Des habitudes, une mémoire et un soupçon de mélancolie, voilà qui ne me placera jamais à l'avant-garde des endroits où il faut être. Je ne suis qu'un homme, je ne suis pas un guide touristique, on ne me changera pas d'assiette ou de rond de serviette. La nuit je sauce.

RETOUR DE LA CAMPAGNE

« L'ondée est passée très vite, maintenant c'est l'embellie.
Les prés fument de chaque côté de la route.
[…] A 150 km/h, je traverse des nappes de réminiscences. »
Paul Guimard

L'autoroute défile. La lumière rose doré du soir qui s'approche inonde les champs de la Beauce. C'est le retour du week-end. On a fermé la maison, les volets, la porte, les grilles du jardin. On s'est engouffrés dans la voiture, direction Paris. On n'ose pas trop penser aux embouteillages qui nous attendent déjà et que l'on rejoindra d'ici une heure.

On serait bien restés encore un peu. L'air était si doux. Le soir qui descendait doucement sur le jardin redevenu enfin paisible nous tendait les bras. C'était l'heure du calme retrouvé, de la lumière pâle et brillante, du dernier chant des oiseaux. L'odeur du gazon trempé d'un dernier arrosage nous a accompagnés jusqu'à la voiture.

Il est maintenant vingt heures. La radio habille l'habitacle d'une musique paisible. Il fait doux. Une voix de femme, chaude et slave, égraine les titres des morceaux. On voudrait les noter, se souvenir de cet adagio du *Concerto pour piano n° 23* de Mozart et l'acheter dès lundi. Mais les mains sur le volant, l'esprit un peu ailleurs, on n'y arrive jamais.

Comme tous les week-ends, le temps est passé mille fois trop vite. On fait le compte de ce que l'on n'a pas pu faire : réparer la vieille chaise du corridor, choisir la peinture qu'on utilisera pour la chambre du haut, planter l'hortensia bleu qui traîne dans son pot depuis deux semaines, lire les journaux que l'on avait apportés tout exprès de Paris pour prendre le temps d'y jeter un œil dans le jardin, visiter les voisins et goûter le petit sauvignon qu'ils avaient rapporté juste pour nous…

Dans la voiture, le dimanche n'est pas tout à fait fini et la semaine n'a pas

vraiment commencé, mais on recense déjà les engagements et les dîners des jours à venir comme autant de balises rassurantes, de repères chaleureux qui rythmeront le temps jusqu'au prochain week-end. Paris nous rappelle à sa vie anarchique et mondaine.

Puis le silence se fait. La voiture, dont les phares sont maintenant allumés, glisse entre chien et loup. On espère qu'on n'a rien oublié dans la maison, mais de toute manière ce n'est pas grave, on y retourne dans huit jours.

VOUS EN VOULEZ ENCORE ?

Parce que les plaisirs à grignoter le long des jours parisiens sont innombrables, en voici encore quelques miettes.

Connaissez-vous Chapal ? Cette marque française confidentielle appréciée des gentlemen-drivers a pourtant gagné le cœur de New-York dès les années 20. Découvrez donc dans leur show-room parisien tous les accessoires vintage de l'homme pressé cher à Paul Morand. Gants, blousons, lunettes de motard, casques de pilotage et serre-tête en cuir souple sans lesquels on ne peut décemment imaginer de promenade en roadster.

Chapal

244, rue de Rivoli, 75001

06 16 11 56 60 (sur rendez-vous)

Paris fourmille de librairies spécialisées drainant leur public d'aficionados de la photo, du roman graphique ou des porte-jarretelles. Dans son registre, le Monte-en-l'Air offre un choix très pointu – et forcément piquant – hors du politiquement correct : histoire de l'anarchisme, des truands, du suicide, du duel... Des trucs de mauvais garçons, quoi.

Le Monte-en-l'Air
71, rue de Ménilmontant, 75020 – 01 40 33 04 54

La rue Clerc héberge depuis 1936 une épicerie italienne de tout premier ordre, tenue depuis l'origine par la même famille parmesane. On y trouve, dans un décor qui n'a pas bougé d'un pouce, des charcuteries italiennes à faire se damner Don Camillo ainsi qu'un bel assortiment de fromages. Vous n'en repartirez pas sans avoir glissé dans votre cabas quelques divines tranches de Mortadelle, aussi fines et légères que de la dentelle rose, que l'on mange en se graissant les doigts.

Davoli
36, rue Cler, 75007 – 01 45 51 23 41

Vos casseroles, sautoirs et autres culs-de-poule ne sont plus à la hauteur de vos ambitions culinaires ? Une seule solution, posez le tablier dare-dare et filez près des Halles chez Dehillerin ou à la Bovida vous perdre dans leurs cavernes d'Ali Baba emplies d'équipements de cuisine professionnels. Vous y trouverez de quoi vous prendre enfin pour un grand chef.

La Bovida
36, rue Montmartre, 75001 – 01 42 36 09 99

Dehillerin
18, rue Coquillière, 75001 – 01 42 36 53 13

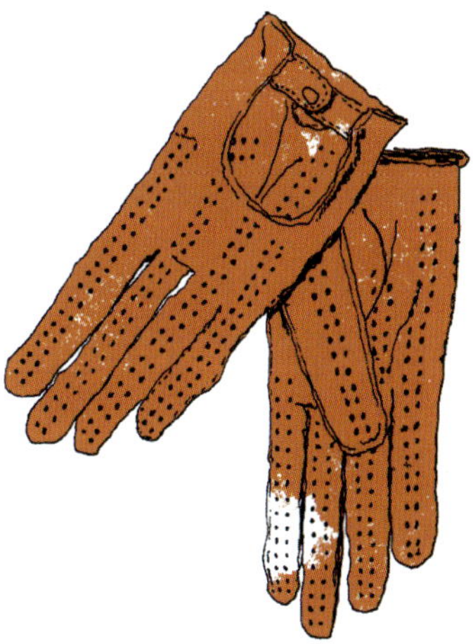

Quel plaisir de porter, été comme hiver, une belle paire de gants. On raconte même que certains esthètes les enfilent pour lire leur journal afin d'éviter les tâches d'encre. Outre l'élégante et réputée boutique de la Maison Fabre au Palais Royal, vous pourrez également trouver de superbes modèles dans les matériaux les plus divers chez Hélion Gantier (depuis 1925). Sans oublier de s'y procurer de très chics gants de conduite, tissés et ajourés. Un cadeau idéal.

Hélion Gantier
22, rue Tronchet, 75008 – 01 47 42 26 79

Quand la mode du bio à gogo gagne Paris, on recherche les bonnes planques où se procurer des produits de qualité à des prix raisonnables. La plus discrète, fuyant tout tapage, s'appelle la Maison POS. On y renifle les parfums des maraîchers à l'ancienne et de la crémerie de caractère sans avoir à sortir la carte Gold à chaque passage en caisse. Produits comme récoltés la veille, patron parfois misanthrope, ce qui a aussi son charme.

Maison POS
90, rue de Charonne, 75011

Vous trouverez pour trois fois rien chez Doursoux, surplus planqué dans l'ombre de Montparnasse, des vestes militaires indémodables qui feront les beaux jours de vos week-ends, comme cette saharienne en coton airflex, réplique fabriquée en France de la veste portée par l'armée britannique lors de la campagne de Palestine en 1917 puis en Birmanie entre 42 et 45.

Doursoux
3, passage Alexandre, 75015 – 01 43 27 00 97

Lorsqu'une envie de canne ou de parapluie vous titille (la belle allure que vous aurez en descendant les Grands Boulevards et faisant pivoter votre parapluie au gré de votre marche sous le ciel plombé), inutile de tergiverser : courez chez Antoine, sans doute l'un des plus anciens spécialistes de la chose, installé à Paris depuis 1745.

Antoine
10 avenue de l'Opéra, 75001 – 01 42 96 01 80

Une solution de repli :
Alexandra Sojfer
218, boulevard Saint-Germain, 75007 – 01 42 22 17 02

Les arcades centenaires du Palais Royal abritent depuis 1862 une des boutiques les plus étonnantes de Paris, un cabinet de curiosité entièrement dévoué au culte de la pipe animé par Rakel Van Kote, un personnage haut en couleurs et en verbe. On peut bien évidemment y acheter quelques modèles et y faire réparer sa bouffarde. On murmure que les membres du Conseil Constitutionnel tout proche aiment à s'y retrouver.

A l'Oriental
19/21, galerie de Chartres, Palais-Royal, 75001 – 01 42 96 43 16

Descendre, un dimanche matin, les allées du Marché aux Puces de Saint-Ouen c'est remonter le temps. On décide de s'arrêter à l'époque de son choix. Pour nous, vintage oblige, ce seront les années 50-60, débordant un peu en plastiques orangés sur les seventies. Des stands rigolos, garnis de meubles aux formes familières ancrées dans nos mémoires de petits garçons. Pour cela il faut longer la rue des Rosiers et dépasser le Marché Paul Bert pour en prendre la toute dernière allée, sur la gauche, derrière le garde-barrière…

Marché Paul Bert
Allée du Design
Impasse Simon, 93400 Saint-Ouen

Quand bien même leurs soirées seraient-elles moins confidentielles aujourd'hui qu'à leurs débuts, les Ambassadeurs ont ce chic pour organiser (trop rarement malheureusement) des fêtes costumées, improbables, mixant le glamour et l'esprit potache. Se retrouver dans les années 30, à la cour de Marie-Antoinette ou en plein XIXème siècle : ces gens-là osent tout. Avec dérision, Champagne et bonne humeur, sans jamais se départir de leur style bon enfant un rien sophistiqué. Bref, aux soirées des Ambassadeurs on ne sert pas de *Mon-Chéri*.
www.lesambassadeurs.org

JEAN-LAURENT CASSELY
PARIS
MANUEL
DE
SURVIE
Brasseries
Au vrai
ZINC
parisien
JEUX DE LETTRES
MICHEL CLAVEL
JEUX D'IMAGES
(RE)CONNAISSEZ-VOUS
PARIS
SECRET
ET INSOLITE
PARIS
DISPARU
PARIGRAMME

FRÉDÉRIC TADDEÏ

Journaliste, Chroniqueur

NE JAMAIS LIRE LES GUIDES

Encore un guide qui me demande des adresses, des conseils, soi-disant pour être élégant. « Paris pour les hommes », ça s'appelle et, pour une fois, j'ai bien envie de répondre. Si des choses aussi excitantes et complexes que « Paris » et « l'élégance » pouvaient se réduire à quelques adresses pêchées dans un guide, elles seraient indignes de la vénération qu'elles suscitent encore. Le secret de l'élégance, c'est qu'il n'y a pas de secret. Quant à Paris, c'est une ville, un point c'est tout ; il ne faut pas la prendre trop au sérieux. Moi, je ne connais qu'une règle : ne jamais lire les guides. Trop d'amateurs. Trop de professionnels. Trop de pigeons. On peut à la rigueur se servir d'un guide dans un endroit où l'on ne reste que quelques jours, afin de parer au plus pressé. Mais pas dans la ville que l'on habite. Ce serait un peu comme se renseigner sur la femme de sa vie auprès de ses ex... Pas très élégant. Non, croyez-moi, le guide de ceci ou de cela, c'est le Paris des autres, ce ne sera jamais le vôtre. Ignorez les « bonnes adresses » contenues dans « Paris pour les hommes », ce sont les adresses de tout le monde. Inventez-vous à la place un Paris bien à vous. L'élégance, c'est d'être unique. Les cravates des uns ne font pas le bonheur des autres. Prenez la fameuse Suite Impériale du Ritz avec ses six mètres de hauteur sous plafond, vous croyez qu'elle va à tout le monde ? Le célèbre Carnegie, qui n'était pas très grand, s'y est senti minuscule. Il a préféré déménager dans la plus petite chambre de l'hôtel, bien mieux adaptée à sa taille... Ça, c'est l'élégance. Et pour être élégant, tous les moyens sont bons. Le meilleur étant encore d'oublier les conseils que l'on vous aura donnés. Y compris celui-ci.

Quand les deux fossoyeurs eurent jeté quelques pelletées de terre sur la bière pour la cacher, ils se relevèrent, et l'un d'eux, s'adressant à Rastignac, lui demanda leur pourboire. Eugène fouilla dans sa poche et n'y trouva rien, il fut forcé d'emprunter vingt sous à Christophe. Ce fait, si léger en lui-même, détermina chez Rastignac un accès d'horrible tristesse. Le jour tombait, un humide crépuscule agaçait les nerfs, il regarda la tombe et y ensevelit sa dernière larme de jeune homme, cette larme arrachée par les saintes émotions d'un cœur pur, une de ces larmes qui, de la terre où elles tombent, rejaillissent jusque dans les cieux. Il se croisa les bras, contempla les nuages, et, le voyant ainsi, Christophe le quitta.

Rastignac, resté seul, fit quelques pas vers le haut du cimetière et vit Paris tortueusement couché le long des deux rives de la Seine où commençaient à briller des lumières. Ses yeux s'attachèrent presque avidement entre la colonne de la place Vendôme et le dôme des Invalides, là où vivait ce beau monde dans lequel il avait voulu pénétrer. Il lança sur cette ruche bourdonnante un regard qui semblait par avance en pomper le miel, et dit ces mots grandioses : « A nous deux maintenant ! »

HONORÉ DE BALZAC
Le Père Goriot

SATHOM

HOTEL
KFC

BOULANGERIE
CONFISERIE
PAINS CHAUDS
À TOUTE HEURE
CROISSANTS
CHAUDS
À 4 HEURES

SOMMAIRE

airs
de
paris
39€90
15€
Flâneries
en France
France in watercolours
HISTOIRE D
GISSEROT'S
French
Cooking
Paris
Le Palais du
Paris
Paris
Paris
Paris

APPLAUDISSEMENTS S'IL VOUS PLAÎT !

À Anne-Laure, ma Parisienne.
À Étienne, Thomas et Hippolyte, petits Parisiens des deux rives.
À Gabrielle, qui suit leurs traces en remuant du popotin.

On dit que l'écriture est un métier solitaire. Peut-être. Mais pas toujours. Prenez ce livre par exemple. Vous n'imaginez pas tous ceux que j'ai envie de remercier pour leurs contributions, de la plus modeste à la plus décisive, qui font qu'aujourd'hui vous tenez cet objet dans les mains. Alors, avec le risque assumé d'oublier quelqu'un (qu'il me pardonne), je les appelle avec moi sur la scène.

Merci à Fany Péchiodat, avec qui, autour d'un pot de rillettes et d'un verre de vin blanc, est née l'idée de ce livre.

Merci à Volcy Loustau et Fabienne Kriegel des Éditions du Chêne de m'avoir fait confiance et ouvert les portes de leur belle maison.

Merci à Juliette Ranck et Léopold Charniot mes *alter ego* artistiques, sans qui ce livre manquerait de saveur, pour leur immense talent et leur infinie patience. Travailler avec eux fut un véritable bonheur.

Merci à Mateo Baronnet, notre chef d'orchestre graphique, qui n'a pas pris peur quand nous avons parlé du *New Yorker* et a si bien mis en musique nos textes et nos illustrations.

Toujours à l'affût des meilleures adresses, ils sont mes yeux, mes oreilles, parfois ma bouche, mes indics, mes amis. Qu'ils soient ici remerciés pour tout cela : Frédéric Adida, Xavier Barbe, Charles Barraine, Cyril Boissy, Frédéric Brun, Nicolas Castro, Julien Despinasse, Emery Doligé, Arnaud Duhem, Julien Fouin, Alexis Fraikin, Egmont Labadie, Olivier Magny, Nicolas Nowak, Jean-Bernard Nussbaumer, Oscar, François Pourcher, Geoffroy Ropert, Nicolas Sauzay, Marc Simon, Guillaume Tesson, Gabriel Vachette, Pierre Vallet, Bruno Verjus. Et, côté filles (il en faut), Claire, Clarisse, Emmanuelle, Isabelle et Roxane.

Merci à François Simon et Emmanuel Rubin. Ils m'ont donné l'irrépressible envie de tremper ma plume dans la sauce gribiche pour commenter la vie des petits pois. Ils restent mes maîtres en la matière.
Merci à David Abiker, Franck Baranger, Nicolas Bedos, Frédéric Beigbeder, Charles Dantzig, David Foenkinos, Francis Kurkdjian, Patrick Roger et Frédéric Taddeï d'avoir cru à cette folle idée et de nous avoir fait partager leurs petits plaisirs parisiens avec tant de talent.

Merci aux Gros Mecs d'être là, même pas souvent, même en retard.
Merci à Guillaume Gallienne de la Comédie-Française pour son élégance et ses encouragements.
Merci à Dieu, maman et papa de m'avoir fait homme et à l'Homme d'avoir créé toutes ces choses admirables.
Merci aux courageux lecteurs qui lisent jusqu'à la dernière ligne les remerciements. Vous êtes des héros.

"In rust we trust"

ÉDITRICE : **VOLCY LOUSTAU**
RÉALISATION GRAPHIQUE : **LOT49** | **MATEO BARONNET**
RELECTURE-CORRECTION : **MIREILLE TOURET**
FABRICATION : **MARION LANCE**

IMPRIMÉ EN ESPAGNE PAR ESTELLA GRAFICAS
DÉPÔT LÉGAL : OCTOBRE 2011
978-2-81230-517-7
34/8299/9-01